COLLECTION PARCOURS D'UNE ŒUVRE
Sous la direction de Michel Laurin

OPE

DE

MOLIÈRE

Texte intégral

ÉDITION PRÉSENTÉE, ANNOTÉE ET COMMENTÉE

PAR

CLAUDE GONTHIER
PROFESSEUR AU CÉGEP DE SAINT-LAURENT

Beauchemin

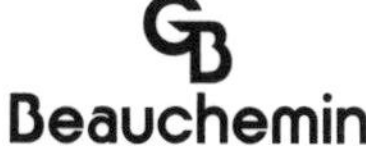

LE MISANTHROPE DE MOLIÈRE
TEXTE INTÉGRAL
ÉDITION PRÉSENTÉE, ANNOTÉE ET COMMENTÉE
PAR CLAUDE GONTHIER
COLLECTION «PARCOURS D'UNE ŒUVRE»
SOUS LA DIRECTION DE MICHEL LAURIN

 GB Groupe Beauchemin, éditeur ltée
3281, avenue Jean-Béraud
Laval (Québec) H7T 2L2
Téléphone : (514) 334-5912
1 800 361-4504
Télécopieur : (450) 688-6269
www.beaucheminediteur.com

Nous reconnaissons l'aide financière du gouvernement du Canada par l'entremise du Programme d'aide au développement de l'industrie de l'édition (PADIÉ) pour nos activités d'édition.

ISBN : 2-7616-1572-7

Dépôt légal : 3e trimestre 2002
Bibliothèque nationale du Québec
Bibliothèque nationale du Canada

Imprimé au Canada
1 2 3 4 5 06 05 04 03 02

Supervision éditoriale : FRANCE ROBITAILLE
Production : MICHEL CARL PERRON
Révision linguistique : MANUELA GIROUX
Correction d'épreuves : NATHALIE BRAGANTINI
Recherche iconographique : VIOLAINE CHAREST-SIGOUIN
Conception graphique : MARTIN DUFOUR, A.R.C.
Conception et réalisation de la couverture : CHRISTINE DUFOUR
Mise en pages : TREVOR AUBERT JONES
Impression : IMPRIMERIES TRANSCONTINENTAL INC.

Table des matières

Remerciements

L'auteur remercie Messieurs Robert Charette, François Rochon et Jacques Rochon pour leurs livres, leurs conseils et leur patience qui ont contribué à la rédaction de cet ouvrage.

Molière.

Le silencieux rire de l'âme

Jamais Molière n'a aussi longuement mûri une œuvre, jamais une de ses comédies ne s'est élevée aussi près de la tragédie. *Le Misanthrope* relève du tour de force et se révèle parfaitement achevé. Pourtant, aux premières représentations de juin 1666, la pièce connaît un médiocre succès. Le public, décontenancé par l'absence de grimaces et de *quiproquos* auxquels Molière l'avait habitué, boude ce qui est aujourd'hui considéré comme le « chef-d'œuvre » de la comédie classique.

Le Misanthrope met en scène les nobles du XVIIe siècle. Le cadre, celui du salon, est un lieu où une jolie dame reçoit les « honnêtes hommes ». Il s'agit d'un univers, régi par le code de l'élégance et du bel esprit, où chacun respecte son prochain. Peut-il en être autrement ? Dans les rapports feutrés du grand monde, la sincérité devient accessoire : pour vivre en société, il faut savoir dissimuler ses vrais sentiments, sous peine de passer pour un asocial, un misanthrope.

Alceste est misanthrope : il hait les hommes, ou plus précisément, il déteste les rapports humains qui ne traduisent que dissimulations et mensonges. Son humeur sombre, son tempérament fougueux font de lui un protagoniste comique parce qu'il se jette tout entier dans une défense absurde et inutile de la droiture morale. Ironie du sort, il aime la belle Célimène, une coquette hypocrite et superficielle, avec laquelle il ne réussit jamais à obtenir une explication claire et définitive.

En observant la conduite d'Alceste, nous ne rions pas aux éclats mais, par un aiguillage de la conscience, nous constatons combien l'hypocrisie est répandue dans nos vies, combien elle nous oblige constamment à mentir et à feindre. Le bilan de l'examen de conscience que nous fait faire *Le Misanthrope* ne manque pas de souligner notre propre duplicité et de faire jaillir le silencieux rire de l'âme.

Frontispice du *Misanthrope.*

Tiré des *Œuvres complètes de Monsieur de Molière*, édition de 1682. Gravure de J. Sauvé, d'après P. Brissart.

LE

MISANTROPE

COMEDIE

Par I.B.P. DE MOLIERE.

A PARIS.

Chez IEAN RIBOV, au Palais, visà vis la Porte de l'Eglise de la Sainte Chapelle, a l'Image Saint Louis,

M. DC. LXVII.

AVEC PRIVILEGE DV ROY.

Page de titre du *Misanthrope*, édition de 1682.

LES PERSONNAGES

ALCESTE, *amant*§ *de Célimène.*

PHILINTE, *ami d'Alceste.*

ORONTE, *amant*§ *de Célimène.*

CÉLIMÈNE, *amante*§ *d'Alceste.*

ÉLIANTE, *cousine de Célimène.*

ARSINOÉ, *amie de Célimène.*

ACASTE, *marquis.*

CLITANDRE, *marquis.*

BASQUE, *valet de Célimène.*

Un garde de la maréchaussée de France.

DU BOIS, *valet d'Alceste.*

LA SCÈNE EST À PARIS.

N.B. : Les quatre extraits qui font l'objet d'une analyse approfondie sont indiqués dans l'œuvre par des filets tracés dans la marge.

§ Les mots suivis du symbole § sont définis dans le glossaire, à la page 219.

SCÈNE 1 : PHILINTE, ALCESTE

PHILINTE

Qu'est-ce donc ? Qu'avez-vous ?

ALCESTE

Laissez-moi, je vous prie.

PHILINTE

Mais encor dites-moi quelle bizarrerie…

ALCESTE

Laissez-moi là, vous dis-je, et courez vous cacher.

PHILINTE

Mais on entend les gens, au moins sans se fâcher.

ALCESTE

Moi, je veux me fâcher, et ne veux point entendre.

PHILINTE

Dans vos brusques chagrins[1] je ne puis vous comprendre,
Et quoique amis enfin, je suis tout des premiers…

ALCESTE

Moi, votre ami ? Rayez cela de vos papiers[2].
J'ai fait jusques ici profession de l'être :
Mais après ce qu'en vous je viens de voir paraître,
Je vous déclare net que je ne le suis plus,
Et ne veux nulle place en des cœurs[3] corrompus.

---

1 *chagrins* : sautes d'humeur, colères boudeuses, attitudes amères et mélancoliques. Ces fréquents revirements d'humeur d'Alceste font ressortir le caractère comique du personnage.

2 *Rayez cela de vos papiers* : oubliez cela !

3 *cœurs* : ici, des amitiés.

Philinte

Je suis donc bien coupable, Alceste, à votre compte ?

Alceste

Allez, vous devriez mourir de pure honte ;
Une telle action ne saurait s'excuser,
Et tout homme d'honneur s'en doit scandaliser.
Je vous vois accabler un homme de caresses[1],
Et témoigner pour lui les dernières[2] tendresses[3] ;
De protestations[4], d'offres et de serments,
Vous chargez[5] la fureur de vos embrassements[6] ;
Et quand je vous demande après quel est cet homme,
À peine pouvez-vous dire comme[7] il se nomme ;
Votre chaleur pour lui tombe en vous séparant,
Et vous me le traitez, à moi, d'indifférent.
Morbleu ![8] c'est une chose indigne, lâche, infâme,
De s'abaisser ainsi jusqu'à trahir son âme ;
Et si, par un malheur, j'en avais fait autant,
Je m'irais, de regret, pendre tout à l'instant.

Philinte

Je ne vois pas, pour moi, que le cas soit pendable,
Et je vous supplierai d'avoir pour agréable
Que je me fasse un peu grâce sur votre arrêt[9],
Et ne me pende pas pour cela, s'il vous plaît.

---

1 *caresses* : (sens figuré) démonstrations d'amitié, flatteries excessives.

2 *les dernières* : les plus grandes.

3 *tendresses* : (entre hommes) attentions, considérations.

4 *protestations* : confirmations véhémentes d'une amitié, d'une affection.

5 *chargez* : exagérez.

6 *embrassements* : au milieu du XVIIe siècle, deux hommes de noblesse se font l'accolade et se serrent dans les *bras* l'un de l'autre chaque fois qu'ils se rencontrent pour témoigner de la sincérité de leur amitié. Molière, comme plusieurs de ses contemporains, détestait cette mode.

7 *comme* : comment.

8 *Morbleu !* : l'Église interdit de jurer par Dieu sous peine d'être excommunié, mais tolère qu'on remplace *Dieu* par *bleu*. « Morbleu ! » est une altération du juron *mort de Dieu !*

9 *arrêt* : condamnation.

ALCESTE
Que la plaisanterie est de mauvaise grâce !

PHILINTE
Mais, sérieusement, que voulez-vous qu'on fasse ?

ALCESTE
Je veux qu'on soit sincère, et qu'en homme d'honneur,
On ne lâche aucun mot qui ne parte du cœur[1].

PHILINTE
Lorsqu'un homme vous vient embrasser[§] avec joie,
Il faut bien le payer de la même monnoie[2],
Répondre, comme on peut, à ses empressements,
Et rendre offre pour offre, et serments pour serments.

ALCESTE
Non, je ne puis souffrir cette lâche méthode
Qu'affectent la plupart de vos gens à la mode ;
Et je ne hais rien tant que les contorsions
De tous ces grands faiseurs de protestations[§],
Ces affables donneurs d'embrassades[3] frivoles,
Ces obligeants diseurs d'inutiles paroles,
Qui de civilités avec tous font combat[4],
Et traitent du même air l'honnête homme[5] et le fat[6].
Quel avantage a-t-on qu'un homme vous caresse[§],
Vous jure amitié, foi, zèle, estime, tendresse[§],

---

1 *du cœur* : d'un sentiment profond, sincère.

2 *monnoie* : monnaie. Au XVIIe siècle, le mot s'orthographie *monnoie* et se prononce « monnoué ». Il rime ici avec *joie* (« joué »), puisque *roi* se prononce « roué » et *moi*, « moué ». La diphtongue se modifie lentement et la prononciation actuelle s'impose après la Révolution française (fin du XVIIIe siècle).

3 *embrassades* : voir la note 6, à la page 10. Ici, Alceste dit « embrassades » au lieu d'*embrassements* pour insister sur le peu de crédit qu'il accorde à ces démonstrations convenues d'amitié. L'adjectif « frivoles » appuie ce mépris.

4 *font combat* : se donnent l'obligation, font démonstration.

5 *honnête homme* : idéal de comportement à la cour et à la ville du XVIIe siècle ; attitude qui recherche l'élégance et la mesure en tout.

6 *fat* : homme sans valeur. Aujourd'hui, le mot désigne un prétentieux.

Et vous fasse de vous un éloge éclatant,
Lorsque au premier faquin[1] il court en faire autant ?
Non, non, il n'est point d'âme un peu bien située[2]
Qui veuille d'une estime ainsi prostituée;
Et la plus glorieuse a des régals peu chers[3],
Dès qu'on voit qu'on nous mêle avec tout l'univers :
Sur quelque préférence une estime se fonde,
Et c'est n'estimer rien qu'estimer tout le monde.
Puisque vous y donnez, dans ces vices du temps,
Morbleu ![§] vous n'êtes pas pour être de mes gens[4] ;
Je refuse d'un cœur[§] la vaste complaisance[5]
Qui ne fait de mérite aucune différence;
Je veux qu'on ne distingue; et pour le trancher net,
L'ami du genre humain n'est point du tout mon fait.

PHILINTE

Mais quand on est du monde, il faut bien que l'on rende
Quelques dehors civils[6] que l'usage demande.

ALCESTE

Non, vous dis-je, on devrait châtier, sans pitié,
Ce commerce[7] honteux de semblants d'amitié.
Je veux que l'on soit homme, et qu'en toute rencontre
Le fond de notre cœur[§] dans nos discours se montre,
Que ce soit lui qui parle, et que nos sentiments
Ne se masquent jamais sous de vains compliments.

---

1 *faquin* : vaurien, imbécile.

2 *âme un peu bien située* : âme ou sentiment élevé(e), noble (au sens moral).

3 *Et la plus glorieuse a des régals peu chers* : vers obscur. «Glorieuse» se rapporte à *estime* et non à *âme*. Lire «Et la plus haute estime reste pour une âme élevée un cadeau de peu de valeur», lorsqu'elle est offerte à tous de la même façon (cf. vers suivants).

4 *mes gens* : mes amis, mon entourage.

5 *complaisance* : disposition à plaire où ni vérité ni probité n'entrent en considération; paroles ou activités conçues afin de plaire.

6 *dehors civils* : signes extérieurs de politesse.

7 *commerce* : relation, échange.

Alceste (Luc Picard)
Je veux que l'on soit homme, et qu'en toute rencontre
Le fond de notre cœur dans nos discours se montre […]

Acte I, scène 1, vers 69 et 70.

Théâtre du Nouveau Monde, 1998.
Mise en scène de René Richard Cyr.

PHILINTE

Il est bien des endroits où la pleine franchise
Deviendrait ridicule et serait peu permise;
Et parfois, n'en déplaise à votre austère honneur,
Il est bon de cacher ce qu'on a dans le cœur§,
Serait-il à propos et de la bienséance
De dire à mille gens tout ce que d'eux on pense?
Et quand on a quelqu'un qu'on hait ou qui déplaît,
Lui doit-on déclarer la chose comme elle est?

ALCESTE

Oui.

PHILINTE

Quoi? vous iriez dire à la vieille Émilie
Qu'à son âge il sied mal de faire la jolie,
Et que le blanc[1] qu'elle a scandalise chacun?

ALCESTE

Sans doute.

PHILINTE

À Dorilas, qu'il est trop importun[2],
Et qu'il n'est, à la cour[3], oreille qu'il ne lasse
À conter sa bravoure et l'éclat de sa race?

ALCESTE

Fort bien.

PHILINTE

Vous vous moquez.

1 *blanc*: fard utilisé pour éclaircir le teint et masquer les rides. Au XVIIe siècle, plus une femme a le teint blanc, plus elle est jugée belle. La pureté du teint est associée à celles de l'âme et du cœur.

2 *importun*: agaçant, dérangeant, désagréable, insupportable.

3 *cour*: la cour de Louis XIV (encore au Louvre en 1666).

Alceste

Je ne me moque point,
Et je vais n'épargner personne sur ce point.
Mes yeux sont trop blessés, et la cour[§] et la ville[1]
Ne m'offrent rien qu'objets à m'échauffer la bile[2] :
J'entre en une humeur noire, et un chagrin[§] profond,
Quand je vois vivre entre eux les hommes comme ils le font ;
Je ne trouve partout que lâche flatterie,
Qu'injustice, intérêt, trahison, fourberie ;
Je n'y puis plus tenir, j'enrage, et mon dessein[3]
Est de rompre en visière[4] à tout le genre humain.

Philinte

Ce chagrin[§] philosophe est un peu trop sauvage,
Je ris des noirs accès où je vous envisage,
Et crois voir en nous deux, sous mêmes soins nourris,
Ces deux frères que peint *l'École des maris*[5],
Dont…

---

1 *la cour et la ville* : distinction courante au XVIIe siècle entre la cour de Louis XIV, lieu des courtisans et des intrigues du pouvoir, et les salons de Paris, lieux de la vie mondaine et intellectuelle. *Le Misanthrope* se déroule entièrement dans le salon de Célimène.

2 *bile* : la médecine du XVIIe siècle croit le caractère soumis aux quatre *humeurs* du corps qui sont le sang, source de vie, de courage et de chaleur (des saignées sont donc prescrites aux fiévreux) ; la lymphe ou pituite ou flegme, humeur froide propre au calme (v. 166) ; la bile jaune et la bile noire (atrabile), cette dernière responsable de l'humeur noire, de la *mélancolie*, donne, en s'échauffant, l'anxiété et la colère. En grec, « bile noire » se dit *mélaina kholé*.

3 *dessein* : projet, volonté.

4 *rompre en visière* : un chevalier médiéval abaisse la visière de son casque (heaume) pour protéger ses yeux lors d'un tournoi. Rompre sa lance dans la visière de l'adversaire, c'est tenter de l'éborgner. Ici, le sens figuré de l'expression conserve la violence d'une attaque ; c'est dire à quelqu'un sans détour, ce qu'on pense de lui.

5 *L'École des maris* : pièce de Molière (1661), dans laquelle deux frères, Ariste et Sganarelle, affichent des attitudes opposées devant la vie ; le premier accepte le monde tel qu'il est, l'autre ne cesse de le maudire et d'encenser un passé idéalisé. Dans l'esprit de Molière, cette référence qui permet d'associer le plaintif Sganarelle au misanthrope Alceste renvoie sans ambiguïté au caractère comique des deux personnages.

Alceste

Mon Dieu ! laissons là vos comparaisons fades.

Philinte

Non : tout de bon, quittez toutes ces incartades[1].
Le monde par vos soins ne se changera pas ;
Et puisque la franchise a pour vous tant d'appas[2],
Je vous dirai tout franc que cette maladie,
Partout où vous allez, donne la comédie,
Et qu'un si grand courroux[3] contre les mœurs du temps
Vous tourne en ridicule auprès de bien des gens.

Alceste

Tant mieux, morbleu ![§] tant mieux, c'est ce que je demande,
Ce m'est un fort bon signe, et ma joie en est grande :
Tous les hommes me sont à tel point odieux
Que je serais fâché d'être sage à leurs yeux.

Philinte

Vous voulez un grand mal à la nature humaine !

Alceste

Oui, j'ai conçu pour elle une effroyable haine.

Philinte

Tous les pauvres mortels, sans nulle exception,
Seront enveloppés dans cette aversion ?
Encore en est-il bien, dans le siècle où nous sommes…

Alceste

Non : elle est générale, et je hais tous les hommes :
Les uns, parce qu'ils sont méchants et malfaisants,
Et les autres, pour être aux méchants complaisants[§],
Et n'avoir pas pour eux ces haines vigoureuses
Que doit donner le vice aux âmes vertueuses.

---

1 *incartades* : divagations, errements de la pensée.

2 *appas* : intérêts, valeurs, attraits.

3 *courroux* : colère, haine.

Philinte (Marcel Girard)
Non : tout de bon, quittez toutes ces incartades.
Le monde par vos soins ne se changera pas […]
Alceste (Albert Millaire)

Acte I, scène I, vers 102 et 103.

Théâtre Populaire du Québec, saison 1987-1988.
Mise en scène d'Albert Millaire.

De cette complaisance[§] on voit l'injuste excès
Pour le franc scélérat[1] avec qui j'ai procès :
Au travers de son masque on voit à plein le traître;
Partout il est connu pour tout ce qu'il peut être;
Et ses roulements d'yeux et son ton radouci
N'imposent qu'à des gens qui ne sont point d'ici.
On sait que ce pied-plat[2], digne qu'on le confonde,
Par de sales emplois[3] s'est poussé dans le monde,
Et que par eux son sort de splendeur revêtu
Fait gronder le mérite et rougir la vertu.
Quelques titres honteux qu'en tous lieux on lui donne,
Son misérable honneur ne voit pour lui personne[4];
Nommez-le fourbe, infâme, et scélérat[§] maudit,
Tout le monde en convient, et nul n'y contredit.
Cependant sa grimace est partout bienvenue;
On l'accueille, on lui rit, partout il s'insinue;
Et s'il est, par la brigue[5], un rang à disputer,
Sur le plus honnête homme[§] on le voit l'emporter.
Têtebleu[6] ! ce me sont de mortelles blessures,
De voir qu'avec le vice on garde des mesures[7] ;
Et parfois il me prend des mouvements soudains
De fuir dans un désert l'approche des humains.

---

1 *franc scélérat* : vrai coquin, véritable bandit. L'adjectif *franc* contraste avec le caractère péjoratif de *scélérat*. À partir de ce vers, Alceste parle d'un procès que lui a intenté ce *scélérat*.

2 *pied-plat* : contrairement aux gens de la haute société, le peuple chausse des souliers sans talon; l'injure *pied-plat* rabaisse l'homme de qualité au rang du peuple commun et vulgaire.

3 *sales emplois* : procédés douteux, manœuvres malhonnêtes.

4 *Son misérable honneur ne voit pour lui personne* : personne ne reconnaît à l'ennemi d'Alceste une quelconque valeur pour les honneurs qu'il a obtenus par ses manœuvres malhonnêtes et qui choquent (« fait gronder », v. 132) les gens de vrai mérite.

5 *brigue* : intrigue, complot, cabale.

6 *Têtebleu !* : altération tolérée du juron *tête de Dieu !*

7 *mesures* : égards, modérations, précautions.

PHILINTE

Mon Dieu, des mœurs du temps mettons-nous moins en peine,
Et faisons un peu grâce à la nature humaine;
Ne l'examinons point dans la grande rigueur,
Et voyons ses défauts avec quelque douceur.
Il faut, parmi le monde, une vertu traitable[1];
À force de sagesse, on peut être blâmable;
La parfaite raison fuit toute extrémité,
Et veut que l'on soit sage avec sobriété.
Cette grande roideur des vertus des vieux âges
Heurte trop notre siècle et les communs usages;
Elle veut aux mortels trop de perfection :
Il faut fléchir au temps[2] sans obstination;
Et c'est une folie à nulle autre seconde[3]
De vouloir se mêler de corriger le monde.
J'observe, comme vous, cent choses tous les jours,
Qui pourraient mieux aller, prenant un autre cours;
Mais quoi qu'à chaque pas je puisse voir paraître,
En courroux[§], comme vous, on ne me voit point être;
Je prends tout doucement les hommes comme ils sont,
J'accoutume mon âme à souffrir ce qu'ils font;
Et je crois qu'à la cour[§], de même qu'à la ville[§],
Mon flegme[4] est philosophe autant que votre bile[§].

ALCESTE

Mais ce flegme, Monsieur, qui raisonne si bien,
Ce flegme pourra-t-il ne s'échauffer de rien ?
Et s'il faut, par hasard, qu'un ami vous trahisse,
Que, pour avoir vos biens, on dresse un artifice,
Ou qu'on tâche à semer de méchants bruits[5] de vous,
Verrez-vous tout cela sans vous mettre en courroux ?

---

1 *traitable* : souple, accommodante.

2 *fléchir au temps* : accepter les valeurs, les idées de la société où l'on vit.

3 *seconde* : pareille, comparable.

4 *flegme* : selon les conceptions de la médecine, cette humeur du corps apporte le calme.

5 *bruits* : rumeurs, commérages, médisances, calomnies.

PHILINTE

Oui, je vois ces défauts dont votre âme murmure[1]
Comme vices unis à l'humaine nature ;
Et mon esprit enfin n'est pas plus offensé
De voir un homme fourbe, injuste, intéressé,
Que de voir des vautours affamés de carnage,
Des singes malfaisants, et des loups pleins de rage.

ALCESTE

Je me verrai trahir, mettre en pièces, voler,
Sans que je sois… Morbleu ![§] je ne veux point parler,
Tant ce raisonnement est plein d'impertinence[2].

PHILINTE

Ma foi ! vous ferez bien de garder le silence.
Contre votre partie[3] éclatez un peu moins,
Et donnez au procès une part de vos soins.

ALCESTE

Je n'en donnerai point, c'est une chose dite.

PHILINTE

Mais qui voulez-vous donc qui pour vous sollicite[4] ?

ALCESTE

Qui je veux ? La raison, mon bon droit, l'équité.

PHILINTE

Aucun juge par vous ne sera visité ?

---

1 *murmure* : déteste secrètement, discute avec ressentiment, prend en grippe.

2 *impertinence* : inconvenance, mauvaise conduite.

3 *partie* : adversaire au procès.

4 *qui pour vous sollicite* : en 1666, il est courant de corrompre un juge par des visites (v. 188), des flatteries, des cadeaux. Une jolie femme, laissée seule avec un juge, est souvent d'un bien meilleur secours qu'un homme de loi pour plaider votre cause ! Alceste, qui ne jure que par « la raison », son « bon droit », « l'équité » (v. 187) pour se défendre, fait donc sourire les spectateurs des premières représentations. Or, dès la fin du XVIIe siècle, la corruption des juges devient immorale, et le public des reprises du *Misanthrope* trouve honnêtes les propos d'Alceste.

Alceste

Non. Est-ce que ma cause est injuste ou douteuse ?

Philinte

J'en demeure d'accord ; mais la brigue[§] est fâcheuse[1],
Et…

Alceste

Non ; j'ai résolu de n'en pas faire un pas.
J'ai tort, ou j'ai raison.

Philinte

Ne vous y fiez pas.

Alceste

Je ne remuerai point.

Philinte

Votre partie[§] est forte,
Et peut, par sa cabale[2], entraîner…

Alceste

Il n'importe.

Philinte

Vous vous tromperez.

Alceste

Soit. J'en veux voir le succès.

Philinte

Mais…

Alceste

J'aurai le plaisir de perdre mon procès.

---

1 *fâcheuse* : ennuyeuse, déplacée.

2 *cabale* : intrigue, complot ; groupe de comploteurs.

PHILINTE

Mais enfin…

ALCESTE

Je verrai, dans cette plaiderie[1],
Si les hommes auront assez d'effronterie,
Seront assez méchants, scélérats[§] et pervers,
Pour me faire injustice aux yeux de l'univers.

PHILINTE

Quel homme !

ALCESTE

Je voudrais, m'en coûtât-il grand-chose,
Pour la beauté du fait avoir perdu ma cause.

PHILINTE

On se rirait de vous, Alceste, tout de bon,
Si l'on vous entendait parler de la façon.

ALCESTE

Tant pis pour qui rirait.

PHILINTE

Mais cette rectitude
Que vous voulez en tout avec exactitude,
Cette pleine droiture où vous vous renfermez,
La trouvez-vous ici dans ce[2] que vous aimez ?
Je m'étonne, pour moi, qu'étant, comme il le semble,
Vous et le genre humain si fort brouillés ensemble,
Malgré tout ce qui peut vous le rendre odieux,
Vous ayez pris chez lui[3] ce qui charme vos yeux ;

---

1 *plaiderie* : procès. Pour souligner son mépris, Alceste emploie « plaiderie », mot rare à la nuance péjorative, au lieu de *plaidoirie*.

2 *ce* : pronom désignant Célimène. Philinte emploie donc le pronom « ce » pour parler de Célimène, en référence à l'*objet* de l'amour d'Alceste.

3 *chez lui* : chez l'objet de votre amour, c'est-à-dire Célimène.

Et ce qui me surprend encore davantage,
C'est cet étrange choix où votre cœur[1] s'engage.
La sincère Éliante a du penchant pour vous,
La prude[2] Arsinoé vous voit d'un œil fort doux :
Cependant à leurs vœux[3] votre âme se refuse,
Tandis qu'en ses liens Célimène l'amuse[4],
De qui l'humeur coquette et l'esprit médisant[5]
Semble si fort donner dans les mœurs d'à présent.
D'où vient que, leur portant une haine mortelle,
Vous pouvez bien souffrir ce qu'en tient cette belle ?
Ne sont-ce plus défauts dans un objet[6] si doux ?
Ne les voyez-vous pas ? ou les excusez-vous ?

Alceste

Non, l'amour que je sens pour cette jeune veuve
Ne ferme point mes yeux aux défauts qu'on lui trouve,
Et je suis, quelque ardeur qu'elle m'ait pu donner,
Le premier à les voir, comme à les condamner.
Mais, avec tout cela, quoi que je puisse faire,
Je confesse mon faible, elle a l'art de me plaire :
J'ai beau voir ses défauts, et j'ai beau l'en blâmer,
En dépit qu'on en ait[7], elle se fait aimer ;
Sa grâce est la plus forte ; et sans doute ma flamme[8]
De ces vices du temps[9] pourra purger son âme.

---

1 *cœur* : ici, amour, sentiment amoureux.

2 *prude* : sage, vertueuse. L'adjectif n'a pas ici de sens péjoratif.

3 *vœux* : désirs amoureux.

4 *amuse* : laisse croire (à Alceste qu'il est aimé), fait miroiter, laisse espérer.

5 *médisant* : qui dénigre, parle en mal de quelqu'un.

6 *objet* : au XVIIe siècle, la personne aimée est l'*objet* d'un amour. Le mot *objet* n'a aucun sens péjoratif et peut être remplacé par *être aimé*.

7 *En dépit qu'on en ait* : en dépit de ce qu'on a contre elle ; malgré tout.

8 *flamme* : amour, passion amoureuse.

9 *vices du temps* : vices de la société de cette époque ; l'hypocrisie.

PHILINTE

Si vous faites cela, vous ne ferez pas peu.
Vous croyez être donc aimé d'elle ?

ALCESTE

Oui, parbleu[1] !
Je ne l'aimerais pas, si je ne croyais l'être.

PHILINTE

Mais si son amitié[2] pour vous se fait paraître,
D'où vient que vos rivaux vous causent de l'ennui[3] ?

ALCESTE

C'est qu'un cœur[§] bien atteint veut qu'on soit tout à lui,
Et je ne viens ici qu'à dessein[§] de lui dire
Tout ce que là-dessus ma passion m'inspire.

PHILINTE

Pour moi, si je n'avais qu'à former des désirs,
La cousine Éliante aurait tous mes soupirs ;
Son cœur[§], qui vous estime, est solide et sincère,
Et ce choix plus conforme était mieux votre affaire.

ALCESTE

Il est vrai : ma raison me le dit chaque jour ;
Mais la raison n'est pas ce qui règle l'amour.

PHILINTE

Je crains fort pour vos feux[4] ; et l'espoir où vous êtes
Pourrait…

---

1 *parbleu !* : altération tolérée du juron *par Dieu !*

2 *son amitié* : son amour (pour vous se déclare).

3 *ennui* : (au sens fort) désespoir, tourment.

4 *feux* : amours, démêlés amoureux.

SCÈNE 2 : ORONTE, ALCESTE, PHILINTE

ORONTE

J'ai su là-bas[1] que, pour quelques emplettes,
Éliante est sortie, et Célimène aussi ;
Mais comme l'on m'a dit que vous étiez ici,
J'ai monté pour vous dire, et d'un cœur[§] véritable[2],
Que j'ai conçu pour vous une estime incroyable,
Et que, depuis longtemps, cette estime m'a mis
Dans un ardent désir d'être de vos amis.
Oui, mon cœur[§] au mérite aime à rendre justice,
Et je brûle qu'un nœud[3] d'amitié nous unisse :
Je crois qu'un ami chaud[4], et de ma qualité[5],
N'est pas assurément pour être rejeté.

(En cet endroit Alceste paraît tout rêveur,
et semble n'entendre pas qu'Oronte lui parle.)

C'est à vous, s'il vous plaît, que ce discours s'adresse.

ALCESTE

À moi, Monsieur ?

ORONTE

À vous. Trouvez-vous qu'il vous blesse ?

ALCESTE

Non pas ; mais la surprise est fort grande pour moi,
Et je n'attendais pas l'honneur que je reçois.

---

1 *là-bas* : au rez-de-chaussée, où les domestiques accueillent les visiteurs qui montent (v. 253) ensuite au lieu de réception (le salon).

2 *véritable* : sincère.

3 *nœud* : amitié, lien, attachement.

4 *chaud* : chaleureux, sincère.

5 *qualité* : de la noblesse, d'un haut rang, possédant un titre.

ORONTE

L'estime où je vous tiens ne doit point vous surprendre,
Et de tout l'univers vous la pouvez prétendre.

ALCESTE

Monsieur…

ORONTE

L'État n'a rien qui ne soit au-dessous
Du mérite éclatant que l'on découvre en vous.

ALCESTE

Monsieur…

ORONTE

Oui, de ma part, je vous tiens préférable
À tout ce que j'y vois de plus considérable.

ALCESTE

Monsieur…

ORONTE

Sois-je du ciel écrasé, si je mens !
Et pour vous confirmer ici mes sentiments,
Souffrez qu'à cœur[§] ouvert, Monsieur, je vous embrasse[§],
Et qu'en votre amitié je vous demande place.
Touchez là[1], s'il vous plaît. Vous me la promettez,
Votre amitié ?

ALCESTE

Monsieur…

ORONTE

Quoi ? vous y résistez ?

ALCESTE

Monsieur, c'est trop d'honneur que vous me voulez faire ;
Mais l'amitié demande un peu plus de mystère,

1 *Touchez là* : Serrez-moi la main.

Et c'est assurément en profaner le nom
Que de vouloir le mettre à toute occasion.
Avec lumière[1] et choix cette union veut naître;
Avant que nous lier, il faut nous mieux connaître;
Et nous pourrions avoir telles complexions[2]
Que tous deux du marché nous nous repentirions.

ORONTE

Parbleu ![§] c'est là-dessus parler en homme sage,
Et je vous en estime encore davantage :
Souffrons donc que le temps forme des nœuds[§] si doux;
Mais, cependant, je m'offre entièrement à vous;
S'il faut faire à la cour[§] pour vous quelque ouverture[3],
On sait qu'auprès du Roi je fais quelque figure;
Il m'écoute; et dans tout, il en use, ma foi !
Le plus honnêtement du monde avecque[4] moi.
Enfin je suis à vous de toutes les manières;
Et comme votre esprit a de grandes lumières[§],
Je viens, pour commencer entre nous ce beau nœud,
Vous montrer un sonnet[5] que j'ai fait depuis peu,
Et savoir s'il est bon qu'au public je l'expose.

ALCESTE

Monsieur, je suis mal propre à décider la chose;
Veuillez m'en dispenser.

ORONTE

Pourquoi ?

ALCESTE

J'ai le défaut
D'être un peu plus sincère en cela qu'il ne faut.

---

1 *lumière* : idée éclairant le jugement, qualité intellectuelle et morale.
2 *complexions* : caractères, personnalités, humeurs.
3 *ouverture* : démarche, négociation.
4 *avecque* : orthographe du XVIIe siècle permettant de compléter l'alexandrin.
5 *sonnet* : poème constitué de deux quatrains (strophes de quatre vers) suivis de deux tercets (strophes de trois vers).

ORONTE

C'est ce que je demande, et j'aurais lieu de plainte,
Si, m'exposant à vous pour me parler sans feinte,
Vous alliez me trahir, et me déguiser rien.

ALCESTE

Puisqu'il vous plaît ainsi, Monsieur, je le veux bien.

ORONTE

Sonnet[§]… C'est un sonnet. *L'espoir*… C'est une dame[1]
Qui de quelque espérance avait flatté ma flamme[§].
L'espoir… Ce ne sont point de ces grands vers pompeux[2],
Mais de petits vers doux, tendres et langoureux.

(À toutes ces interruptions il regarde Alceste.)

ALCESTE

Nous verrons bien.

ORONTE

L'espoir… Je ne sais si le style
Pourra vous en paraître assez net et facile,
Et si du choix des mots vous vous contenterez.

ALCESTE

Nous allons voir, Monsieur.

ORONTE

Au reste, vous saurez
Que je n'ai demeuré qu'un quart d'heure à le faire.

ALCESTE

Voyons, Monsieur ; le temps ne fait rien à l'affaire.

1 *dame* : cette dame, c'est Célimène. Oronte est un rival d'Alceste.

2 *pompeux* : en littérature, avec emphase ; exagérations cérémonieuses du langage (figures de style, ton et vocabulaire) ; effets littéraires très élevés (et, par là, souvent grotesques) d'une œuvre.

Oronte

L'espoir, il est vrai, nous soulage,
Et nous berce un temps notre ennui[§] *;*
Mais, Philis, le triste avantage,
Lorsque rien ne marche après lui !

Philinte

Je suis déjà charmé de ce petit morceau.

Alceste

Quoi ? vous avez le front de trouver cela beau ?

Oronte

Vous eûtes de la complaisance[§] *;*
Mais vous en deviez moins avoir,
Et ne vous pas mettre en dépense
Pour ne me donner que l'espoir.

Philinte

Ah ! qu'en termes galants ces choses-là sont mises !

Alceste, *bas.*

Morbleu ![§] vil complaisant[§], vous louez des sottises ?

Oronte

S'il faut qu'une attente éternelle
Pousse à bout l'ardeur de mon zèle,
Le trépas sera mon recours.

Vos soins ne m'en peuvent distraire :
Belle Philis, on désespère,
Alors qu'on espère toujours.

Philinte

La chute[1] en est jolie, amoureuse, admirable.

---

1 *chute* : la chute est le trait final d'un sonnet, la conclusion du poème ; elle doit surprendre par un retournement imprévu ou un habile paradoxe, comme ici.

Alceste, *bas.*

La peste de ta chute§ ! Empoisonneur au diable,
En eusses-tu fait une à te casser le nez !

Philinte

Je n'ai jamais ouï[1] de vers si bien tournés.

Alceste

Morbleu !§...

Oronte

Vous me flattez, et vous croyez peut-être...

Philinte

Non, je ne flatte point.

Alceste, *bas.*

Et que fais-tu donc, traître ?

Oronte

Mais, pour vous, vous savez quel est notre traité :
Parlez-moi, je vous prie, avec sincérité.

Alceste

Monsieur, cette matière est toujours délicate,
Et sur le bel esprit nous aimons qu'on nous flatte.
Mais un jour, à quelqu'un, dont je tairai le nom,
Je disais, en voyant des vers de sa façon,
Qu'il faut qu'un galant homme ait toujours grand empire[2]
Sur les démangeaisons qui nous prennent d'écrire ;
Qu'il doit tenir la bride aux grands empressements
Qu'on a de faire éclat de tels amusements ;
Et que, par la chaleur[3] de montrer ses ouvrages,
On s'expose à jouer de mauvais personnages.

---

1 *ouï* : entendu.

2 *empire* : contrôle, calme, assurance.

3 *chaleur* : désir, empressement.

Oronte (Denis Mercier)
Mais, pour vous, vous savez quel est notre traité :
Parlez-moi, je vous prie, avec sincérité.
Alceste (Paul Savoie)

Acte I, scène 2, vers 339 et 340.

Théâtre du Nouveau Monde, 1992.
Mise en scène d'Olivier Reichenbach.

ORONTE

Est-ce que vous voulez me déclarer par là
Que j'ai tort de vouloir… ?

ALCESTE

Je ne dis pas cela.
Mais je lui disais, moi, qu'un froid écrit assomme,
Qu'il ne faut que ce faible à[1] décrier un homme,
Et qu'eût-on, d'autre part, cent belles qualités,
On regarde les gens par leurs méchants côtés.

ORONTE

Est-ce qu'à mon sonnet[§] vous trouvez à redire ?

ALCESTE

Je ne dis pas cela; mais, pour ne point écrire,
Je lui mettais aux yeux comme, dans notre temps,
Cette soif a gâté de fort honnêtes gens.

ORONTE

Est-ce que j'écris mal ? et leur ressemblerais-je ?

ALCESTE

Je ne dis pas cela; mais enfin, lui disais-je,
Quel besoin si pressant avez-vous de rimer ?
Et qui diantre[2] vous pousse à vous faire imprimer ?
Si l'on peut pardonner l'essor d'un mauvais livre,
Ce n'est qu'aux malheureux qui composent pour vivre.
Croyez-moi, résistez à vos tentations,
Dérobez au public ces occupations;
Et n'allez point quitter, de quoi que l'on vous somme,
Le nom que dans la cour[§] vous avez d'honnête homme[§],
Pour prendre, de la main d'un avide imprimeur,
Celui de ridicule et misérable auteur.
C'est ce que je tâchai de lui faire comprendre.

---

1 *ce faible à* : cette faiblesse pour.

2 *diantre* : exclamation, juron qui marque ici le dépit.

ORONTE

Voilà qui va fort bien, et je crois vous entendre[1].
Mais ne puis-je savoir ce que dans mon sonnet[§]… ?

ALCESTE

Franchement, il est bon à mettre au cabinet[2].
Vous vous êtes réglé sur de méchants modèles,
Et vos expressions ne sont point naturelles.

Qu'est-ce que *Nous berce un temps notre ennui*[§] *?*
Et que *Rien ne marche après lui ?*
que *Ne vous pas mettre en dépense,*
Pour ne me donner que l'espoir ?
Et que *Philis, on désespère,*
Alors qu'on espère toujours ?

Ce style figuré, dont on fait vanité,
Sort du bon caractère et de la vérité :
Ce n'est que jeu de mots, qu'affectation pure,
Et ce n'est point ainsi que parle la nature.
Le méchant goût du siècle, en cela, me fait peur.
Nos pères, tout grossiers, l'avaient beaucoup meilleur,
Et je prise bien moins tout ce que l'on admire
Qu'une vieille chanson que je m'en vais vous dire :

Si le Roi m'avait donné
Paris, sa grand-ville[§]*,*
Et qu'il me fallût quitter
L'amour de ma mie[3]*,*
Je dirais au roi Henri :
« Reprenez votre Paris :
J'aime mieux ma mie[§]*, au gué !*
J'aime mieux ma mie. »

---

1 *entendre* : comprendre, saisir le sens.

2 *mettre au cabinet* : double sens qui signifie « mettre dans les tiroirs de son cabinet », une sorte de bureau à compartiments, et « jeter dans les toilettes ».

3 *ma mie* : mon amie, la femme que j'aime (forme archaïque).

La rime n'est pas riche, et le style en est vieux :
Mais ne voyez-vous pas que cela vaut bien mieux
Que ces colifichets[1] dont le bon sens murmure[§],
Et que la passion parle là toute pure ?

Si le Roi m'avait donné
Paris, sa grand-ville[§],
Et qu'il me fallût quitter
L'amour de ma mie[§],
Je dirais au roi Henri :
« Reprenez votre Paris :
J'aime mieux ma mie, au gué !
J'aime mieux ma mie. »

Voilà ce que peut dire un cœur[§] vraiment épris.

(À Philinte.)

Oui, Monsieur le rieur, malgré vos beaux esprits,
J'estime plus cela que la pompe[§] fleurie
De tous ces faux brillants, où chacun se récrie[2].

Oronte

Et moi, je vous soutiens que mes vers sont fort bons.

Alceste

Pour les trouver ainsi vous avez vos raisons ;
Mais vous trouverez bon que j'en puisse avoir d'autres,
Qui se dispenseront de se soumettre aux vôtres.

Oronte

Il me suffit de voir que d'autres en font cas.

Alceste

C'est qu'ils ont l'art de feindre ; et moi, je ne l'ai pas.

Oronte

Croyez-vous donc avoir tant d'esprit en partage ?

---

1 *colifichets* : babioles.

2 *se récrie* : pousse des cris d'admiration, de ravissement.

ALCESTE

Si je louais vos vers, j'en aurais davantage.

ORONTE

Je me passerai bien que vous les approuviez.

ALCESTE

Il faut bien, s'il vous plaît, que vous vous en passiez.

ORONTE

Je voudrais bien, pour voir, que, de votre manière,
Vous en composassiez sur la même matière.

ALCESTE

J'en pourrais, par malheur, faire d'aussi méchants;
Mais je me garderais de les montrer aux gens.

ORONTE

Vous me parlez bien ferme, et cette suffisance…

ALCESTE

Autre part que chez moi cherchez qui vous encense.

ORONTE

Mais, mon petit Monsieur, prenez-le un peu moins haut.

ALCESTE

Ma foi ! mon grand Monsieur, je le prends comme il faut.

PHILINTE, *se mettant entre deux.*

Eh ! Messieurs, c'en est trop; laissez cela, de grâce.

ORONTE

Ah ! j'ai tort, je l'avoue, et je quitte la place.
Je suis votre valet, Monsieur, de tout mon cœur[§].

ALCESTE

Et moi, je suis, Monsieur, votre humble serviteur.

SCÈNE 3 : PHILINTE, ALCESTE

PHILINTE

Hé bien ! vous le voyez : pour être trop sincère,
Vous voilà sur les bras une fâcheuse[§] affaire ;
Et j'ai bien vu qu'Oronte, afin d'être flatté…

ALCESTE

Ne me parlez pas.

PHILINTE

Mais…

ALCESTE

Plus de société.

PHILINTE

C'est trop…

ALCESTE

Laissez-moi là.

PHILINTE

Si je…

ALCESTE

Point de langage.

PHILINTE

Mais quoi ?…

ALCESTE

Je n'entends rien.

PHILINTE

Mais…

ALCESTE

Encore ?

PHILINTE

On outrage…

ALCESTE

Ah ! parbleu ![§] c'en est trop ; ne suivez point mes pas.

PHILINTE

Vous vous moquez de moi, je ne vous quitte pas.

ACTE II

SCÈNE 1 : ALCESTE, CÉLIMÈNE

ALCESTE

Madame, voulez-vous que je vous parle net ?
De vos façons d'agir je suis mal satisfait ;
Contre elles dans mon cœur[§] trop de bile[§] s'assemble,
Et je sens qu'il faudra que nous rompions ensemble.
Oui, je vous tromperais de parler autrement ;
Tôt ou tard nous romprons indubitablement ;
Et je vous promettrais mille fois le contraire
Que je ne serais pas en pouvoir de le faire.

CÉLIMÈNE

C'est pour me quereller donc, à ce que je vois,
Que vous avez voulu me ramener chez moi ?

ALCESTE

Je ne querelle point ; mais votre humeur, Madame,
Ouvre au premier venu trop d'accès dans votre âme :
Vous avez trop d'amants[1] qu'on voit vous obséder[2],
Et mon cœur[§] de cela ne peut s'accommoder.

CÉLIMÈNE

Des amants[§] que je fais me rendez-vous coupable ?
Puis-je empêcher les gens de me trouver aimable ?
Et lorsque pour me voir ils font de doux efforts,
Dois-je prendre un bâton pour les mettre dehors ?

---

1 *amants* : soupirants. Le mot n'a pas nécessairement une connotation sexuelle.

2 *obséder* : assiéger, entourer. Selon Alceste, les amants (soupirants) sont trop nombreux autour de Célimène.

ALCESTE

Non, ce n'est pas, Madame, un bâton qu'il faut prendre,
Mais un cœur[§] à leurs vœux[§] moins facile et moins tendre.
Je sais que vos appas[§] vous suivent en tous lieux;
Mais votre accueil retient ceux qu'attirent vos yeux;
Et sa douceur offerte à qui vous rend les armes
Achève sur les cœurs[§] l'ouvrage de vos charmes.
Le trop riant espoir que vous leur présentez
Attache autour de vous leurs assiduités;
Et votre complaisance[§] un peu moins étendue
De tant de soupirants chasserait la cohue.
Mais au moins dites-moi, Madame, par quel sort
Votre Clitandre a l'heur[1] de vous plaire si fort? 1
Sur quels fonds de mérite et de vertu sublime
Appuyez-vous en lui l'honneur de votre estime?
Est-ce par l'ongle long[2] qu'il porte au petit doigt
Qu'il s'est acquis chez vous l'estime où l'on le voit?
Vous êtes-vous rendue, avec tout le beau monde,
Au mérite éclatant de sa perruque blonde?
Sont-ce ses grands canons[3] qui vous le font aimer?
L'amas de ses rubans a-t-il su vous charmer?
Est-ce par les appas de sa vaste rhingrave[4]
Qu'il a gagné votre âme en faisant votre esclave?
Ou sa façon de rire et son ton de fausset[5]
Ont-ils de vous toucher su trouver le secret?

---

1 *heur*: bonheur, chance.

2 *ongle long*: dès le début du XVIIe siècle, certains nobles qui se piquaient d'être à la mode laissaient pousser de façon démesurée l'ongle du petit doigt (souvent celui de la main gauche), lequel gênait moins lorsqu'il fallait écrire.

3 *canons*: pièces rondes, faites de toile, de soie ou de dentelles, et qui, attachées près du genou, ornent la jambe. Molière se moque souvent de cet attribut vestimentaire.

4 *rhingrave*: (mot d'origine allemande) culotte de cheval fort ample, attachée aux bas par des rubans, et mise à la mode par un comte (*grave*) du Rhin en visite à Paris.

5 *ton de fausset*: ton suraigu donnant l'impression que la voix est fausse, efféminée.

CÉLIMÈNE

Qu'injustement de lui vous prenez de l'ombrage !
Ne savez-vous pas bien pourquoi je le ménage,
Et que dans mon procès, ainsi qu'il m'a promis,
Il peut intéresser tout ce qu'il a d'amis ?

ALCESTE

Perdez votre procès, Madame, avec constance,
Et ne ménagez point un rival qui m'offense.

CÉLIMÈNE

Mais de tout l'univers vous devenez jaloux.

ALCESTE

C'est que tout l'univers est bien reçu de vous.

CÉLIMÈNE

C'est ce qui doit rasseoir votre âme effarouchée,
Puisque ma complaisance[§] est sur tous épanchée ;
Et vous auriez plus lieu de vous en offenser,
Si vous me la voyiez sur un seul ramasser.

ALCESTE

Mais moi, que vous blâmez de trop de jalousie,
Qu'ai-je de plus qu'eux tous, Madame, je vous prie ?

CÉLIMÈNE

Le bonheur de savoir que vous êtes aimé.

ALCESTE

Et quel lieu de le croire a mon cœur[§] enflammé[§] ?

CÉLIMÈNE

Je pense qu'ayant pris le soin de vous le dire,
Un aveu de la sorte a de quoi vous suffire.

ALCESTE

Mais qui m'assurera que, dans le même instant,
Vous n'en disiez peut-être aux autres tout autant ?

ALCESTE (Albert Millaire)
C'est que tout l'univers est bien reçu de vous.
CÉLIMÈNE (Louise Turcot)

ACTE II, SCÈNE 1, vers 496.

THÉÂTRE POPULAIRE DU QUÉBEC, saison 1987-1988.
Mise en scène d'Albert Millaire.

CÉLIMÈNE

Certes, pour un amant[§], la fleurette[1] est mignonne,
Et vous me traitez là de gentille personne.
Hé bien ! pour vous ôter d'un semblable souci,
De tout ce que j'ai dit je me dédis ici,
Et rien ne saurait plus vous tromper que vous-même :
Soyez content.

ALCESTE

Morbleu ![§] faut-il que je vous aime !
Ah ! que si de vos mains je rattrape mon cœur[§],
Je bénirai le Ciel de ce rare bonheur !
Je ne le cèle pas, je fais tout mon possible
À rompre de ce cœur[§] l'attachement terrible ;
Mais mes plus grands efforts n'ont rien fait jusqu'ici,
Et c'est pour mes péchés que je vous aime ainsi.

CÉLIMÈNE

Il est vrai, votre ardeur est pour moi sans seconde.

ALCESTE

Oui, je puis là-dessus défier tout le monde.
Mon amour ne se peut concevoir, et jamais
Personne n'a, Madame, aimé comme je fais.

CÉLIMÈNE

En effet, la méthode en est toute nouvelle,
Car vous aimez les gens pour leur faire querelle ;
Ce n'est qu'en mots fâcheux[§] qu'éclate votre ardeur,
Et l'on n'a vu jamais un amour si grondeur.

ALCESTE

Mais il ne tient qu'à vous que son chagrin[§] ne passe.
À tous nos démêlés coupons chemin, de grâce,
Parlons à cœur[§] ouvert, et voyons d'arrêter…

---

1 *fleurette* : compliment, galanterie. Comme dans l'expression *conter fleurette*.

SCÈNE 2 : CÉLIMÈNE, ALCESTE, BASQUE

CÉLIMÈNE

Qu'est-ce ?

BASQUE

Acaste est là-bas[§].

CÉLIMÈNE

Hé bien ! faites monter.

ALCESTE

Quoi ? l'on ne peut jamais vous parler tête à tête ?
À recevoir le monde on vous voit toujours prête ?
Et vous ne pouvez pas, un seul moment de tous,
Vous résoudre à souffrir de n'être pas chez vous[1] ?

CÉLIMÈNE

Voulez-vous qu'avec lui je me fasse une affaire[2] ?

ALCESTE

Vous avez des regards qui ne sauraient me plaire.

CÉLIMÈNE

C'est un homme à jamais ne me le pardonner,
S'il savait que sa vue eût pu m'importuner[§].

ALCESTE

Et que vous fait cela pour vous gêner de sorte ?…

CÉLIMÈNE

Mon Dieu ! de ses pareils la bienveillance importe ;
Et ce sont de ces gens qui, je ne sais comment,
Ont gagné dans la cour[§] de parler hautement.

---

1 *souffrir de n'être pas chez vous* : bien vouloir donner l'excuse que vous êtes sortie pour ne pas recevoir.

2 *qu'avec lui je me fasse une affaire* : que j'entre en conflit avec lui ; que je me brouille avec lui. Une affaire de ce type peut conduire à un duel.

Dans tous les entretiens on les voit s'introduire ;
Ils ne sauraient servir, mais ils peuvent vous nuire ;
Et jamais, quelque appui qu'on puisse avoir d'ailleurs,
On ne doit se brouiller avec ces grands brailleurs.

ALCESTE

Enfin, quoi qu'il en soit, et sur quoi qu'on se fonde,
Vous trouvez des raisons pour souffrir tout le monde[1] ;
Et les précautions de votre jugement…

SCÈNE 3 : BASQUE, ALCESTE, CÉLIMÈNE

BASQUE

Voici Clitandre encor, Madame.

ALCESTE. *Il témoigne s'en vouloir aller.*

Justement.

CÉLIMÈNE

Où courez-vous ?

ALCESTE

Je sors.

CÉLIMÈNE

Demeurez.

ALCESTE

Pour quoi faire ?

CÉLIMÈNE

Demeurez.

1 *souffrir tout le monde* : accepter la présence, les visites de tout le monde.

ALCESTE

Je ne puis.

CÉLIMÈNE

Je le veux.

ALCESTE

Point d'affaire.
Ces conversations ne font que m'ennuyer,
Et c'est trop que vouloir me les faire essuyer[1].

CÉLIMÈNE

Je le veux, je le veux.

ALCESTE

Non, il m'est impossible.

CÉLIMÈNE

Hé bien ! allez, sortez, il vous est tout loisible.

SCÈNE 4 : ÉLIANTE, PHILINTE, ACASTE, CLITANDRE, ALCESTE, CÉLIMÈNE, BASQUE

ÉLIANTE

Voici les deux marquis qui montent avec nous :
Vous l'est-on venu dire ?

CÉLIMÈNE

Oui. *(À Basque)* Des sièges pour tous.

(À Alceste.)

Vous n'êtes pas sorti ?

1 *faire essuyer* : faire endurer, faire supporter.

ALCESTE

Non ; mais je veux, Madame,
Ou pour eux, ou pour moi, faire expliquer votre âme.

CÉLIMÈNE

Taisez-vous.

ALCESTE

Aujourd'hui vous vous expliquerez.

CÉLIMÈNE

Vous perdez le sens.

ALCESTE

Point. Vous vous déclarerez.

CÉLIMÈNE

Ah !

ALCESTE

Vous prendrez parti.

CÉLIMÈNE

Vous vous moquez, je pense.

ALCESTE

Non ; mais vous choisirez ; c'est trop de patience.

CLITANDRE

Parbleu ![§] je viens du Louvre[1], où Cléonte, au levé[2],
Madame, a bien paru ridicule achevé.
N'a-t-il point quelque ami qui pût, sur ses manières,
D'un charitable avis lui prêter les lumières[§] ?

1 *Louvre* : le palais du Louvre, château royal où réside Louis XIV en 1666.

2 *au levé* : aussi orthographié *au lever*. Lorsque le roi s'éveille, ses courtisans les plus estimés entourent son lit, c'est la réception du petit lever (ou levé).

CÉLIMÈNE

Dans le monde, à vrai dire, il se barbouille[1] fort,
Partout il porte un air qui saute aux yeux d'abord;
Et lorsqu'on le revoit après un peu d'absence,
On le retrouve encor plus plein d'extravagance.

ACASTE

Parbleu ![§] s'il faut parler de gens extravagants,
Je viens d'en essuyer[§] un des plus fatigants :
Damon, le raisonneur, qui m'a, ne vous déplaise,
Une heure, au grand soleil, tenu hors de ma chaise[2].

CÉLIMÈNE

C'est un parleur étrange, et qui trouve toujours
L'art de ne vous rien dire avec de grands discours;
Dans les propos qu'il tient, on ne voit jamais goutte,
Et ce n'est que du bruit que tout ce qu'on écoute.

ÉLIANTE, *à Philinte.*

Ce début n'est pas mal, et contre le prochain
La conversation prend un assez bon train.

CLITANDRE

Timante encor, Madame, est un bon caractère[3].

CÉLIMÈNE

C'est de la tête aux pieds un homme tout mystère,
Qui vous jette en passant un coup d'œil égaré,
Et, sans aucune affaire, est toujours affairé.
Tout ce qu'il vous débite en grimaces abonde;
À force de façons, il assomme le monde;

1 *se barbouille* : se ridiculise.

2 *chaise* : dès le milieu du XVIIe siècle, pour éviter de se salir dans la fange des rues, un riche se déplace en *chaise à porteurs*; il s'agit d'un siège placé dans une boîte ajourée et soulevée de terre à l'aide de brancards par deux porteurs.

3 *caractère* : cas à étudier, type singulier.

Sans cesse, il a, tout bas, pour rompre l'entretien
Un secret à vous dire, et ce secret n'est rien ;
De la moindre vétille[1] il fait une merveille,
Et, jusques au bonjour, il dit tout à l'oreille.

ACASTE

Et Géralde, Madame ?

CÉLIMÈNE

Ô l'ennuyeux conteur !
Jamais on ne le voit sortir du grand seigneur ;
Dans le brillant commerce[§] il se mêle sans cesse,
Et ne cite jamais que duc, prince ou princesse :
La qualité l'entête[2] ; et tous ses entretiens
Ne sont que de chevaux, d'équipage[3] et de chiens ;
Il tutaye[4] en parlant ceux du plus haut étage[5],
Et le nom de Monsieur est chez lui hors d'usage.

CLITANDRE

On dit qu'avec Bélise il est du dernier bien[6].

CÉLIMÈNE

Le pauvre esprit de femme, et le sec entretien !
Lorsqu'elle vient me voir, je souffre le martyre :
Il faut suer sans cesse à chercher que lui dire,
Et la stérilité de son expression
Fait mourir à tous coups la conversation.
En vain, pour attaquer son stupide silence,
De tous les lieux communs vous prenez l'assistance :

1 *vétille* : bagatelle, chose insignifiante, niaiserie.

2 *La qualité l'entête* : les titres de haut rang, la richesse et le mode de vie des gens de qualité l'obsèdent, sont ses seuls sujets de préoccupations.

3 *équipage* : équipage de chasse. L'équipe des valets qui servent les seigneurs dans leur expédition. À remarquer que, dans cette énumération, des humains sont mis sur le même pied que des animaux.

4 *tutaye* : tutoie. Faute grave aux convenances du XVIIe siècle.

5 *étage* : rang.

6 *il est du dernier bien* : il s'entend bien, il est en relation idéale.

Le beau temps et la pluie, et le froid et le chaud
Sont des fonds[1] qu'avec elle on épuise bientôt.
Cependant sa visite, assez insupportable,
Traîne en une longueur encore épouvantable;
Et l'on demande l'heure, et l'on bâille vingt fois,
Qu'elle grouille aussi peu qu'une pièce de bois.

ACASTE

Que vous semble d'Adraste ?

CÉLIMÈNE

Ah ! quel orgueil extrême !
C'est un homme gonflé de l'amour de soi-même.
Son mérite jamais n'est content de la cour[§] :
Contre elle il fait métier de pester chaque jour,
Et l'on ne donne emploi, charge ni bénéfice,
Qu'à tout ce qu'il se croit on ne fasse injustice.

CLITANDRE

Mais le jeune Cléon, chez qui vont aujourd'hui
Nos plus honnêtes gens, que dites-vous de lui ?

CÉLIMÈNE

Que de son cuisinier il s'est fait un mérite,
Et que c'est à sa table à qui l'on rend visite.

ÉLIANTE

Il prend soin d'y servir des mets fort délicats.

CÉLIMÈNE

Oui; mais je voudrais bien qu'il ne s'y servît pas :
C'est un fort méchant plat que sa sotte personne,
Et qui gâte, à mon goût, tous les repas qu'il donne.

PHILINTE

On fait assez de cas de son oncle Damis :
Qu'en dites-vous, Madame ?

---

1 *fonds* : sujets, propos.

CÉLIMÈNE

Il est de mes amis.

PHILINTE

Je le trouve honnête homme§, et d'un air assez sage.

CÉLIMÈNE

Oui; mais il veut avoir trop d'esprit, dont j'enrage;
Il est guindé sans cesse; et dans tous ses propos,
On voit qu'il se travaille à dire de bons mots.
Depuis que dans la tête il s'est mis d'être habile,
Rien ne touche son goût, tant il est difficile;
Il veut voir des défauts à tout ce qu'on écrit,
Et pense que louer n'est pas d'un bel esprit,
Que c'est être savant que trouver à redire,
Qu'il n'appartient qu'aux sots d'admirer et de rire,
Et qu'en n'approuvant rien des ouvrages du temps[1],
Il se met au-dessus de tous les autres gens;
Aux conversations même il trouve à reprendre :
Ce sont propos trop bas pour y daigner descendre;
Et les deux bras croisés, du haut de son esprit
Il regarde en pitié tout ce que chacun dit.

ACASTE

Dieu me damne, voilà son portrait véritable.

CLITANDRE

Pour bien peindre les gens vous êtes admirable.

ALCESTE

Allons, ferme, poussez[2], mes bons amis de cour§;
Vous n'en épargnez point, et chacun a son tour;
Cependant aucun d'eux à vos yeux ne se montre
Qu'on ne vous voie, en hâte, aller à sa rencontre,

1 *ouvrages du temps* : œuvres artistiques qui viennent d'être réalisées.

2 *ferme, poussez* : attaquez durement. Terme d'escrime.

© Robert Etcheverry.

Acaste (Carl Béchard)
Dieu me damne, voilà son portrait véritable.

Célimène (Geneviève Rioux)

Clitandre (Daniel Brière)

Acte ii, scène 4, vers 649.

Théâtre du Nouveau Monde, 1992.
Mise en scène d'Olivier Reichenbach.

Lui présenter la main, et d'un baiser flatteur
Appuyer les serments d'être son serviteur.

CLITANDRE

Pourquoi s'en prendre à nous ? Si ce qu'on dit vous blesse,
Il faut que le reproche à Madame s'adresse.

ALCESTE

Non, morbleu ![§] c'est à vous ; et vos ris[1] complaisants[§]
Tirent de son esprit tous ces traits médisants[§].
Son humeur satirique[2] est sans cesse nourrie
Par le coupable encens[3] de votre flatterie ;
Et son cœur[§] à railler trouverait moins d'appas[§]
S'il avait observé qu'on ne l'applaudît pas.
C'est ainsi qu'aux flatteurs on doit partout se prendre
Des vices où l'on voit les humains se répandre.

PHILINTE

Mais pourquoi pour ces gens un intérêt si grand,
Vous qui condamneriez ce qu'en eux on reprend ?

CÉLIMÈNE

Et ne faut-il pas bien que Monsieur contredise ?
À la commune voix veut-on qu'il se réduise,
Et qu'il ne fasse pas éclater en tous lieux
L'esprit contrariant qu'il a reçu des cieux ?
Le sentiment d'autrui n'est jamais pour lui plaire ;
Il prend toujours en main l'opinion contraire,
Et penserait paraître un homme du commun,
Si l'on voyait qu'il fût de l'avis de quelqu'un.
L'honneur de contredire a pour lui tant de charmes,
Qu'il prend contre lui-même assez souvent les armes ;
Et ses vrais sentiments sont combattus par lui,
Aussitôt qu'il les voit dans la bouche d'autrui.

---

1 *ris* : rires.

2 *satirique* : moqueuse jusqu'à la méchanceté.

3 *encens* : encouragement (sens figuré).

ALCESTE

Les rieurs sont pour vous, Madame, c'est tout dire,
Et vous pouvez pousser contre moi la satire[1].

PHILINTE

Mais il est véritable aussi que votre esprit
Se gendarme[2] toujours contre tout ce qu'on dit,
Et que, par un chagrin[§] que lui-même il avoue,
Il ne saurait souffrir qu'on blâme, ni qu'on loue

ALCESTE

C'est que jamais, morbleu ![§] les hommes n'ont raison,
Que le chagrin[§] contre eux est toujours de saison,
Et que je vois qu'ils sont, sur toutes les affaires,
Loueurs impertinents[§], ou censeurs téméraires[3].

CÉLIMÈNE

Mais…

ALCESTE

Non, Madame, non : quand j'en devrais mourir,
Vous avez des plaisirs que je ne puis souffrir ;
Et l'on a tort ici de nourrir dans votre âme
Ce grand attachement aux défauts qu'on y blâme.

CLITANDRE

Pour moi, je ne sais pas, mais j'avouerai tout haut
Que j'ai cru jusqu'ici Madame sans défaut.

ACASTE

De grâces et d'attraits je vois qu'elle est pourvue ;
Mais les défauts qu'elle a ne frappent point ma vue.

---

1 *satire* : moquerie méchante.

2 *Se gendarme* : se met en colère, dispute.

3 *censeurs téméraires* : juges qui critiquent tout à la légère.

Alceste

Ils frappent tous la mienne ; et loin de m'en cacher,
Elle sait que j'ai soin de les lui reprocher.
Plus on aime quelqu'un, moins il faut qu'on le flatte ;
À ne rien pardonner le pur amour éclate ;
Et je bannirais, moi, tous ces lâches amants[§]
Que je verrais soumis à tous mes sentiments,
Et dont, à tous propos, les molles complaisances[§]
Donneraient de l'encens[§] à mes extravagances.

Célimène

Enfin, s'il faut qu'à vous s'en rapportent les cœurs[§],
On doit, pour bien aimer, renoncer aux douceurs,
Et du parfait amour mettre l'honneur suprême
À bien injurier les personnes qu'on aime.

Éliante

L'amour, pour l'ordinaire, est peu fait à ces lois,
Et l'on voit les amants vanter toujours leur choix ;
Jamais leur passion n'y voit rien de blâmable,
Et dans l'objet[§] aimé tout leur devient aimable :
Ils comptent les défauts pour des perfections,
Et savent y donner de favorables noms.
La pâle est aux jasmins en blancheur comparable ;
La noire[1] à faire peur, une brune adorable ;
La maigre a de la taille et de la liberté ;
La grasse est dans son port pleine de majesté ;
La malpropre[2] sur soi, de peu d'attraits chargée,
Est mise sous le nom de beauté négligée ;
La géante paraît une déesse aux yeux ;
La naine, un abrégé des merveilles des cieux ;
L'orgueilleuse a le cœur[§] digne d'une couronne ;
La fourbe a de l'esprit ; la sotte est toute bonne ;

---

1 *noire* : femme au teint foncé.

2 *malpropre* : femme qui ne se vêt pas proprement, selon les usages.

La trop grande parleuse est d'agréable humeur ;
Et la muette garde une honnête pudeur.
C'est ainsi qu'un amant[§] dont l'ardeur est extrême
Aime jusqu'aux défauts des personnes qu'il aime.

ALCESTE

Et moi, je soutiens, moi…

CÉLIMÈNE

Brisons là ce discours,
Et dans la galerie allons faire deux tours.
Quoi ? vous vous en allez, Messieurs ?

CLITANDRE ET ACASTE

Non pas, Madame.

ALCESTE

La peur de leur départ occupe fort votre âme.
Sortez quand vous voudrez, Messieurs ; mais j'avertis
Que je ne sors qu'après que vous serez sortis.

ACASTE

À moins de voir Madame en être importunée[§],
Rien ne m'appelle ailleurs de toute la journée.

CLITANDRE

Moi, pourvu que je puisse être au petit couché[1],
Je n'ai point d'autre affaire où je sois attaché.

CÉLIMÈNE

C'est pour rire, je crois.

ALCESTE

Non, en aucune sorte :
Nous verrons si c'est moi que vous voudrez qui sorte.

---

1 *petit couché* : ou *petit coucher*. Moment où le roi, à son coucher, s'entoure de ses plus estimés courtisans.

SCÈNE 5 : Basque, Alceste, Célimène, Éliante, Acaste, Philinte, Clitandre

Basque

Monsieur, un homme est là qui voudrait vous parler,
Pour affaire, dit-il, qu'on ne peut reculer.

Alceste

Dis-lui que je n'ai point d'affaires si pressées.

Basque

Il porte une jaquette à grands-basques plissées[1],
Avec du dor[2] dessus.

Célimène

Allez voir ce que c'est,
Ou bien faites-le entrer.

Alceste

Qu'est-ce donc qu'il vous plaît ?
Venez, Monsieur.

SCÈNE 6 : Garde, Alceste, Célimène, Éliante, Acaste, Philinte, Clitandre

Garde

Monsieur, j'ai deux mots à vous dire.

Alceste

Vous pouvez parler haut, Monsieur, pour m'en instruire.

1 *jaquette à grands-basques plissées* : uniforme des gardes de la maréchaussée.
2 *dor* : doré.

GARDE

Messieurs les Maréchaux[1], dont j'ai commandement,
Vous mandent de venir les trouver promptement,
Monsieur.

ALCESTE

Qui ? moi, Monsieur ?

GARDE

Vous-même.

ALCESTE

Et pour quoi
[faire ?

PHILINTE

C'est d'Oronte et de vous la ridicule affaire.

CÉLIMÈNE

Comment ?

PHILINTE

Oronte et lui se sont tantôt bravés
Sur certains petits vers, qu'il n'a pas approuvés ;
Et l'on veut assoupir la chose en sa naissance.

ALCESTE

Moi, je n'aurai jamais de lâche complaisance[§].

PHILINTE

Mais il faut suivre l'ordre : allons, disposez-vous…

ALCESTE

Quel accommodement veut-on faire entre nous ?
La voix[2] de ces Messieurs me condamnera-t-elle
À trouver bons les vers qui font notre querelle ?

---

1 Le tribunal des Maréchaux prévient les duels dans les affaires d'honneur. Il convoque les parties et les réconcilie selon les codes en vigueur. Le refus d'Alceste d'obtempérer à un ordre de comparution peut lui valoir de lourdes sanctions.

2 *voix* : sentence.

Je ne me dédis point de ce que j'en ai dit,
Je les trouve méchants.

PHILINTE

Mais, d'un plus doux esprit...

ALCESTE

Je n'en démordrai point : les vers sont exécrables.

PHILINTE

Vous devez faire voir des sentiments traitables.
Allons, venez.

ALCESTE

J'irai ; mais rien n'aura pouvoir
De me faire dédire.

PHILINTE

Allons vous faire voir.

ALCESTE

Hors qu'un commandement exprès du Roi me vienne
De trouver bons les vers dont on se met en peine,
Je soutiendrai toujours, morbleu ![§] qu'ils sont mauvais,
Et qu'un homme est pendable après les avoir faits.

(À Clitandre et Acaste, qui rient.)

Par la sangbleu[1] ! Messieurs, je ne croyais pas être
Si plaisant que je suis.

CÉLIMÈNE

Allez vite paraître
Où vous devez.

ALCESTE

J'y vais, Madame, et sur mes pas
Je reviens en ce lieu, pour vider nos débats.

---

1 *sangbleu !* : altération tolérée du juron *sang de Dieu !*

SCÈNE 1 : CLITANDRE, ACASTE

CLITANDRE

Cher Marquis, je te vois l'âme bien satisfaite :
Toute chose t'égaye, et rien ne t'inquiète.
En bonne foi, crois-tu, sans t'éblouir les yeux,
Avoir de grands sujets de paraître joyeux ?

ACASTE

Parbleu ![§] je ne vois pas, lorsque je m'examine,
Où prendre aucun sujet d'avoir l'âme chagrine[§].
J'ai du bien[1], je suis jeune, et sors d'une maison
Qui se peut dire noble avec quelque raison ;
Et je crois, par le rang que me donne ma race,
Qu'il est fort peu d'emplois dont je ne sois en passe[2].
Pour le cœur[3], dont sur tout nous devons faire cas,
On sait, sans vanité, que je n'en manque pas,
Et l'on m'a vu pousser, dans le monde, une affaire[4]
D'une assez vigoureuse et gaillarde manière.
Pour de l'esprit, j'en ai sans doute, et du bon goût
À juger sans étude et raisonner[5] de tout,
À faire aux nouveautés, dont je suis idolâtre,
Figure de savant sur les bancs du théâtre[6],
Y décider en chef, et faire du fracas
À tous les beaux endroits qui méritent des Ah[7] !

---

1 *du bien* : de la fortune, des possessions (des biens).

2 *en passe* : en bonne position, sur le point d'obtenir (un emploi).

3 *cœur* : ici, courage, vaillance.

4 *affaire* : duel.

5 *raisonner* : discuter, discourir, avoir une opinion.

6 *bancs du théâtre* : au XVIIe siècle, les gens de qualité s'assoient sur des banquettes situées sur la scène, à cour et à jardin. Cette pratique cesse en 1759.

7 *Ah !* : activité des précieux, dite *faire le brouhaha*, aujourd'hui péjoratif.

Je suis assez adroit[1] ; j'ai bon air, bonne mine,
Les dents belles surtout, et la taille fort fine.
Quant à se mettre bien[2], je crois, sans me flatter,
Qu'on serait mal venu de me le disputer.
Je me vois dans l'estime autant qu'on y puisse être,
Fort aimé du beau sexe, et bien auprès du maître[3].
Je crois qu'avec cela, mon cher Marquis, je crois
Qu'on peut, par tout pays, être content de soi.

CLITANDRE

Oui ; mais, trouvant ailleurs des conquêtes faciles,
Pourquoi pousser ici des soupirs inutiles ?

ACASTE

Moi ? Parbleu ![§] je ne suis de taille ni d'humeur
À pouvoir d'une belle essuyer[§] la froideur.
C'est aux gens mal tournés, aux mérites vulgaires,
À brûler constamment pour des beautés sévères,
À languir à leurs pieds et souffrir leurs rigueurs,
À chercher le secours des soupirs et des pleurs,
Et tâcher, par des soins d'une très longue suite,
D'obtenir ce qu'on nie à leur peu de mérite.
Mais les gens de mon air, Marquis, ne sont pas faits
Pour aimer à crédit, et faire tous les frais.
Quelque rare que soit le mérite des belles,
Je pense, Dieu merci ! qu'on vaut son prix comme elles,
Que pour se faire honneur d'un cœur[§] comme le mien,
Ce n'est pas la raison[4] qu'il ne leur coûte rien.
Et qu'au moins, à tout mettre en de justes balances,
Il faut qu'à frais communs se fassent les avances.

1 *adroit* : intelligent.
2 *se mettre bien* : se bien vêtir, avec goût.
3 *maître* : le roi Louis XIV.
4 *Ce n'est pas la raison* : il n'est pas raisonnable.

CLITANDRE

Tu penses donc, Marquis, être fort bien ici ?

ACASTE

J'ai quelque lieu, Marquis, de le penser ainsi.

CLITANDRE

Crois-moi, détache-toi de cette erreur extrême ;
Tu te flattes, mon cher, et t'aveugles toi-même.

ACASTE

Il est vrai, je me flatte et m'aveugle en effet.

CLITANDRE

Mais qui te fait juger ton bonheur si parfait ?

ACASTE

Je me flatte.

CLITANDRE

Sur quoi fonder tes conjectures ?

ACASTE

Je m'aveugle.

CLITANDRE

En as-tu des preuves qui soient sûres ?

ACASTE

Je m'abuse, te dis-je.

CLITANDRE

Est-ce que de ses vœux[§]
Célimène t'a fait quelques secrets aveux ?

ACASTE

Non, je suis maltraité.

CLITANDRE

Réponds-moi, je te prie.

ACASTE
Je n'ai que des rebuts[1].

CLITANDRE
Laissons la raillerie,
Et me dis quel espoir on peut t'avoir donné.

ACASTE
Je suis le misérable, et toi le fortuné :
On a pour ma personne une aversion grande,
Et quelqu'un de ces jours il faut que je me pende.

CLITANDRE
Ô ça, veux-tu, Marquis, pour ajuster nos vœux[§],
Que nous tombions d'accord d'une chose tous deux ?
Que qui pourra montrer une marque certaine
D'avoir meilleure part au cœur[§] de Célimène,
L'autre ici fera place au vainqueur prétendu,
Et le délivrera d'un rival assidu ?

ACASTE
Ah ! parbleu ![§] tu me plais avec un tel langage,
Et du bon de mon cœur[§] à cela je m'engage.
Mais, chut !

1 *rebuts* : rebuffades, refus.

SCÈNE 2 : CÉLIMÈNE, ACASTE, CLITANDRE

CÉLIMÈNE

Encore ici ?

CLITANDRE

L'amour retient nos pas.

CÉLIMÈNE

Je viens d'ouïr[§] entrer un carrosse là-bas[1] :
Savez-vous qui c'est ?

CLITANDRE

Non.

SCÈNE 3 : BASQUE, CÉLIMÈNE, ACASTE, CLITANDRE

BASQUE

Arsinoé, Madame,
Monte ici pour vous voir.

CÉLIMÈNE

Que me veut cette femme ?

BASQUE

Éliante là-bas[§] est à l'entretenir.

CÉLIMÈNE

De quoi s'avise-t-elle et qui la fait venir ?

1 *là-bas* : ici, la cour de l'hôtel (de la vaste maison privée) où habite Célimène.

ACASTE

Pour prude§ consommée[1] en tous lieux elle passe,
Et l'ardeur de son zèle…

CÉLIMÈNE

Oui, oui, franche grimace :
Dans l'âme elle est du monde, et ses soins tentent tout
Pour accrocher quelqu'un, sans en venir à bout.
Elle ne saurait voir qu'avec un œil d'envie
Les amants§ déclarés dont une autre est suivie ;
Et son triste mérite, abandonné de tous,
Contre le siècle aveugle[2] est toujours en courroux§.
Elle tâche à couvrir d'un faux voile de prude§
Ce que chez elle on voit d'affreuse solitude ;
Et pour sauver l'honneur de ses faibles appas§,
Elle attache du crime[3] au pouvoir qu'ils n'ont pas.
Cependant un amant plairait fort à la dame,
Et même pour Alceste elle a tendresse§ d'âme.
Ce qu'il me rend de soins outrage ses attraits,
Elle veut que ce soit un vol que je lui fais ;
Et son jaloux dépit, qu'avec peine elle cache,
En tous endroits, sous main[4], contre moi se détache[5].
Enfin je n'ai rien vu de si sot à mon gré,
Elle est impertinente§ au suprême degré,
Et…

1 *consommée* : parfaite, achevée.

2 *Contre le siècle aveugle* : contre la société qui l'entoure et qui ne voit pas (selon elle) ses mérites.

3 *crime* : ici, comme plus loin (v. 907), immoralité.

4 *sous main* : en douce, par des allusions.

5 *se détache* : se donne libre cours, se déchaîne.

SCÈNE 4 : ARSINOÉ, CÉLIMÈNE

CÉLIMÈNE

Ah ! quel heureux sort en ce lieu vous amène ?
Madame, sans mentir, j'étais de vous en peine.

ARSINOÉ

Je viens pour quelque avis que j'ai cru vous devoir.

CÉLIMÈNE

Ah ! mon Dieu ! que je suis contente de vous voir !

ARSINOÉ

Leur départ ne pouvait plus à propos se faire.

CÉLIMÈNE

Voulons-nous nous asseoir ?

ARSINOÉ

Il n'est pas nécessaire,
Madame. L'amitié doit surtout éclater
Aux choses qui le plus nous peuvent importer ;
Et comme il n'en est point de plus grande importance
Que celles de l'honneur et de la bienséance,
Je viens, par un avis qui touche votre honneur,
Témoigner l'amitié que pour vous a mon cœur[§].
Hier j'étais chez des gens de vertu singulière,
Où sur vous du discours[1] on tourna la matière ;
Et là, votre conduite, avec ses grands éclats[2],
Madame, eut le malheur qu'on ne la loua pas.
Cette foule de gens dont vous souffrez visite,
Votre galanterie, et les bruits[§] qu'elle excite

1 *discours* : ici, conversation.

2 *grands éclats* : activités tapageuses, scandaleuses. Célimène est une jeune veuve et devrait afficher une conduite réservée, moins recevoir.

Trouvèrent des censeurs[1] plus qu'il n'aurait fallu,
Et bien plus rigoureux que je n'eusse voulu.
Vous pouvez bien penser quel parti je sus prendre :
Je fis ce que je pus pour vous pouvoir défendre,
Je vous excusai fort sur votre intention,
Et voulus de votre âme être la caution.
Mais vous savez qu'il est des choses dans la vie
Qu'on ne peut excuser, quoiqu'on en ait envie ;
Et je me vis contrainte à demeurer d'accord
Que l'air dont vous viviez vous faisait un peu tort,
Qu'il prenait dans le monde une méchante face,
Qu'il n'est conte fâcheux[§] que partout on n'en fasse,
Et que, si vous vouliez, tous vos déportements[2]
Pourraient moins donner prise aux mauvais jugements.
Non que j'y croie, au fond, l'honnêteté blessée :
Me préserve le Ciel d'en avoir la pensée !
Mais aux ombres du crime on prête aisément foi,
Et ce n'est pas assez de bien vivre pour soi.
Madame, je vous crois l'âme trop raisonnable,
Pour ne pas prendre bien cet avis profitable,
Et pour l'attribuer qu'aux mouvements secrets
D'un zèle qui m'attache à tous vos intérêts.

CÉLIMÈNE

Madame, j'ai beaucoup de grâces à vous rendre :
Un tel avis m'oblige[3], et loin de le mal prendre,
J'en prétends reconnaître, à l'instant, la faveur,
Pour un avis aussi qui touche votre honneur ;
Et comme je vous vois vous montrer mon amie
En m'apprenant les bruits[§] que de moi l'on publie,

1 *censeurs* : juges.

2 *déportements* : activités d'une personne. Pas véritablement péjoratif, le mot laisse aux propos d'Arsinoé un sens ambigu.

3 *m'oblige* : me crée, envers vous, une dette d'honneur, de politesse ; me crée des obligations morales à votre endroit.

Arsinoé (Nicole Filion)
Madame, je vous crois l'âme trop raisonnable,
Pour ne pas prendre bien cet avis profitable [...]
Célimène (Louise Turcot)

Acte iii, scène 4, vers 909 et 910.

Théâtre Populaire du Québec, saison 1987-1988.
Mise en scène d'Albert Millaire.

Je veux suivre, à mon tour, un exemple si doux,
En vous avertissant de ce qu'on dit de vous.
En un lieu, l'autre jour, où je faisais visite,
Je trouvai quelques gens d'un très rare mérite,
Qui, parlant des vrais soins d'une âme qui vit bien,
Firent tomber sur vous, Madame, l'entretien.
Là, votre pruderie[§] et vos éclats de zèle
Ne furent pas cités comme un fort bon modèle :
Cette affectation d'un grave extérieur,
Vos discours éternels de sagesse et d'honneur,
Vos mines et vos cris aux ombres d'indécence
Que d'un mot ambigu peut avoir l'innocence,
Cette hauteur d'estime où vous êtes de vous,
Et ces yeux de pitié que vous jetez sur tous,
Vos fréquentes leçons, et vos aigres censures
Sur des choses qui sont innocentes et pures,
Tout cela, si je puis vous parler franchement,
Madame, fut blâmé d'un commun sentiment.
À quoi bon, disaient-ils, cette mine modeste,
Et ce sage dehors que dément tout le reste ?
Elle est à bien prier exacte au dernier point ;
Mais elle bat ses gens[1], et ne les paye point.
Dans tous les lieux dévots[2] elle étale un grand zèle :
Mais elle met du blanc[§] et veut paraître belle.
Elle fait des tableaux couvrir les nudités ;
Mais elle a de l'amour pour les réalités[3].
Pour moi, contre chacun je pris votre défense,
Et leur assurai fort que c'était médisance[§] ;
Mais tous les sentiments combattirent le mien ;
Et leur conclusion fut que vous feriez bien
De prendre moins de soin des actions des autres,
Et de vous mettre un peu plus en peine des vôtres ;

1 *gens* : gens de maison (valets, bonnes, cuisiniers…).

2 *lieux dévots* : lieux propres à la dévotion, au recueillement religieux.

3 *réalités* : nudités réelles. Par extension, le sexe.

Qu'on doit se regarder soi-même un fort long temps,
Avant que de songer à condamner les gens;
Qu'il faut mettre le poids d'une vie exemplaire
Dans les corrections qu'aux autres on veut faire;
Et qu'encor vaut-il mieux s'en remettre, au besoin,
À ceux[1] à qui le Ciel en a commis le soin.
Madame, je vous crois aussi trop raisonnable,
Pour ne pas prendre bien cet avis profitable,
Et pour l'attribuer qu'aux mouvements secrets
D'un zèle qui m'attache à tous vos intérêts.

ARSINOÉ

À quoi qu'en reprenant on soit assujettie[2],
Je ne m'attendais pas à cette repartie,
Madame, et je vois bien, par ce qu'elle a d'aigreur,
Que mon sincère avis vous a blessée au cœur[§].

CÉLIMÈNE

Au contraire, Madame; et si l'on était sage,
Ces avis mutuels seraient mis en usage:
On détruirait par là, traitant de bonne foi,
Ce grand aveuglement où chacun est pour soi.
Il ne tiendra qu'à vous qu'avec le même zèle
Nous ne continuions cet office fidèle,
Et ne prenions grand soin de nous dire, entre nous,
Ce que nous entendrons, vous de moi, moi de vous.

ARSINOÉ

Ah ! Madame, de vous je ne puis rien entendre[§] :
C'est en moi que l'on peut trouver fort à reprendre.

CÉLIMÈNE

Madame, on peut, je crois, louer et blâmer tout,
Et chacun a raison suivant l'âge et le goût.

---

1 *À ceux*: aux prêtres.

2 *assujettie*: exposée, mise en danger. En reprenant la conduite de Célimène, Arsinoé s'est exposée à la réplique cinglante de sa rivale.

Il est une saison pour la galanterie ;
Il en est une aussi propre à la pruderie[§].
On peut, par politique, en prendre le parti,
Quand de nos jeunes ans l'éclat est amorti :
Cela sert à couvrir de fâcheuses[§] disgrâces.
Je ne dis pas qu'un jour je ne suive vos traces :
L'âge amènera tout, et ce n'est pas le temps,
Madame, comme on le sait, d'être prude[§] à vingt ans.

ARSINOÉ

Certes, vous vous targuez d'un bien faible avantage,
Et vous faites sonner terriblement votre âge.
Ce que de plus que vous on en pourrait avoir
N'est pas un si grand cas pour s'en tant prévaloir ;
Et je ne sais pourquoi votre âme ainsi s'emporte,
Madame, à me pousser de cette étrange sorte.

CÉLIMÈNE

Et moi, je ne sais pas, Madame, aussi pourquoi
On vous voit, en tous lieux, vous déchaîner sur moi.
Faut-il de vos chagrins[§], sans cesse, à moi vous prendre ?
Et puis-je mais des soins[1] qu'on ne va pas vous rendre ?
Si ma personne aux gens inspire de l'amour,
Et si l'on continue à m'offrir chaque jour
Des vœux[§] que votre cœur[§] peut souhaiter qu'on m'ôte,
Je n'y saurais que faire, et ce n'est pas ma faute :
Vous avez le champ libre, et je n'empêche pas
Que pour les attirer vous n'ayez des appas[§].

ARSINOÉ

Hélas ! et croyez-vous que l'on se mette en peine
De ce nombre d'amants[§] dont vous faites la vaine[2],

1 *Et puis-je mais des soins* : syntaxe du XVIIe siècle. Lire : « Mais que puis-je faire si on ne va pas vous rendre des attentions ? »

2 *dont vous faites la vaine* : que vous évoquez en vain, pour rien.

Et qu'il ne nous soit pas fort aisé de juger
À quel prix aujourd'hui l'on peut les engager ?
Pensez-vous faire croire, à voir comme tout roule,
Que votre seul mérite attire cette foule ?
Qu'ils ne brûlent pour vous que d'un honnête amour,
Et que pour vos vertus il vous font tous la cour§ ?
On ne s'aveugle point par de vaines défaites,
Le monde n'est point dupe ; et j'en vois qui sont faites
À pouvoir inspirer de tendres sentiments,
Qui chez elles pourtant ne fixent point d'amants§ ;
Et de là nous pouvons tirer des conséquences,
Qu'on n'acquiert point les cœurs§ sans de grandes avances,
Qu'aucun pour nos beaux yeux n'est notre soupirant,
Et qu'il faut acheter tous les soins qu'on nous rend.
Ne vous enflez donc point d'une si grande gloire
Pour les petits brillants d'une faible victoire ;
Et corrigez un peu l'orgueil de vos appas§,
De traiter pour cela les gens de haut en bas.
Si nos yeux enviaient les conquêtes des vôtres,
Je pense qu'on pourrait faire comme les autres,
Ne se point ménager, et vous faire bien voir
Que l'on a des amants quand on en veut avoir.

CÉLIMÈNE

Ayez-en donc, Madame, et voyons cette affaire :
Par ce rare secret efforcez-vous de plaire ;
Et sans…

ARSINOÉ

Brisons, Madame, un pareil entretien :
Il pousserait trop loin votre esprit et le mien ;
Et j'aurais pris déjà le congé qu'il faut prendre,
Si mon carrosse encor ne m'obligeait d'attendre.

CÉLIMÈNE

Autant qu'il vous plaira vous pouvez arrêter[1],
Madame, et là-dessus rien ne doit vous hâter ;
Mais, sans vous fatiguer de ma cérémonie[2],
Je m'en vais vous donner meilleure compagnie ;
Et Monsieur, qu'à propos le hasard fait venir,
Remplira mieux ma place à vous entretenir.
Alceste, il faut que j'aille écrire un mot de lettre,
Que, sans me faire tort, je ne saurais remettre.
Soyez avec Madame : elle aura la bonté
D'excuser aisément mon incivilité.

SCÈNE 5 : ALCESTE, ARSINOÉ

ARSINOÉ

Vous voyez, elle veut que je vous entretienne,
Attendant un moment que mon carrosse vienne ;
Et jamais tous ses soins ne pouvaient m'offrir rien
Qui me fût plus charmant qu'un pareil entretien.
En vérité, les gens d'un mérite sublime
Entraînent de chacun et l'amour et l'estime ;
Et le vôtre, sans doute, a des charmes secrets
Qui font entrer mon cœur[§] dans tous vos intérêts.
Je voudrais que la cour[§], par un regard propice,
À ce que vous valez rendît plus de justice :
Vous avez à vous plaindre, et je suis en courroux[§],
Quand je vois chaque jour qu'on ne fait rien pour vous.

1 *arrêter* : demeurer.

2 *cérémonie* : politesse, déférence.

ALCESTE

Moi, Madame ! Et sur quoi pourrais-je en rien prétendre ?
Quel service à l'État est-ce qu'on m'a vu rendre ?
Qu'ai-je fait, s'il vous plaît, de si brillant de soi,
Pour me plaindre à la cour qu'on ne fait rien pour moi ?

ARSINOÉ

Tous ceux sur qui la cour jette des yeux propices
N'ont pas toujours rendu de ces fameux services.
Il faut l'occasion, ainsi que le pouvoir ;
Et le mérite enfin que vous nous faites voir
Devrait…

ALCESTE

Mon Dieu ! laissons mon mérite, de grâce ;
De quoi voulez-vous là que la cour[§] s'embarrasse ?
Elle aurait fort à faire, et ses soins seraient grands
D'avoir à déterrer le mérite des gens.

ARSINOÉ

Un mérite éclatant se déterre lui-même ;
Du vôtre, en bien des lieux, on fait un cas extrême ;
Et vous saurez de moi qu'en deux fort bons endroits
Vous fûtes hier loué par des gens d'un grand poids.

ALCESTE

Eh ! Madame, l'on loue aujourd'hui tout le monde,
Et le siècle par là n'a rien qu'on ne confonde :
Tout est d'un grand mérite également doué,
Ce n'est plus un honneur que de se voir loué ;
D'éloges on regorge, à la tête on les jette,
Et mon valet de chambre est mis dans la Gazette[1].

---

1 *Gazette* : journal lié à la monarchie, fondé par le médecin du roi, Théophraste Renaudot, en 1631. Alceste exagère volontairement, car seuls les gens de mérite et les officiers étaient honorés d'une mention dans *La Gazette de France*.

Arsinoé

Pour moi, je voudrais bien que, pour vous montrer mieux,
Une charge à la cour vous pût frapper les yeux.
Pour peu que d'y songer vous nous fassiez les mines[1],
On peut pour vous servir remuer des machines[2],
Et j'ai des gens en main que j'emploierai pour vous,
Qui vous feront à tout un chemin assez doux.

Alceste

Et que voudriez-vous, Madame, que j'y fisse ?
L'humeur dont je me sens veut que je m'en bannisse.
Le Ciel ne m'a point fait, en me donnant le jour,
Une âme compatible avec l'air de la cour[§] ;
Je ne me trouve point les vertus nécessaires
Pour y bien réussir et faire mes affaires.
Être franc et sincère est mon plus grand talent ;
Je ne sais point jouer[3] les hommes en parlant ;
Et qui n'a pas le don de cacher ce qu'il pense
Doit faire en ce pays[4] fort peu de résidence.
Hors de la cour, sans doute, on n'a pas cet appui,
Et ces titres d'honneur qu'elle donne aujourd'hui ;
Mais on n'a pas aussi, perdant ces avantages,
Le chagrin[5] de jouer de fort sots personnages :
On n'a point à souffrir mille rebuts[§] cruels,
On n'a point à louer les vers de Messieurs tels,
À donner de l'encens[6] à Madame une telle,
Et de nos francs marquis essuyer[§] la cervelle[7].

---

1 *que d'y songer vous nous fassiez les mines* : que vous nous démontriez votre intérêt pour une charge à la cour.

2 *remuer des machines* : intriguer, mettre en branle les rouages d'une intrigue, de tractations, d'influences pour obtenir la charge convoitée.

3 *jouer* : tromper, duper.

4 *en ce pays* : à la cour.

5 *chagrin* : ici, la honte, le malheur.

6 *encens* : ici, hommage, compliment (a le sens d'*encenser*).

7 *cervelle* : le peu d'intelligence. À rapprocher de *écervelé*.

ARSINOÉ

Laissons, puisqu'il vous plaît, ce chapitre de cour ;
Mais il faut que mon cœur[§] vous plaigne en votre amour,
Et pour vous découvrir là-dessus mes pensées,
Je souhaiterais fort vos ardeurs mieux placées.
Vous méritez, sans doute, un sort beaucoup plus doux,
Et celle qui vous charme est indigne de vous.

ALCESTE

Mais, en disant cela, songez-vous, je vous prie,
Que cette personne est, Madame, votre amie ?

ARSINOÉ

Oui ; mais ma conscience est blessée en effet
De souffrir plus longtemps le tort que l'on vous fait ;
L'état où je vous vois afflige trop mon âme,
Et je vous donne avis qu'on trahit votre flamme[§].

ALCESTE

C'est me montrer, Madame, un tendre mouvement,
Et de pareils avis obligent[§] un amant[§] !

ARSINOÉ

Oui, toute mon amie, elle est et je la nomme
Indigne[1] d'asservir le cœur[§] d'un galant homme ;
Et le sien n'a pour vous que de feintes douceurs.

ALCESTE

Cela se peut, Madame : on ne voit pas les cœurs[§] ;
Mais votre charité se serait bien passée
De jeter dans le mien une telle pensée.

ARSINOÉ

Si vous ne voulez pas être désabusé,
Il faut ne vous rien dire, il est assez aisé.

---

1 *toute mon amie, elle est et je la nomme indigne* : elle est bien mon amie, mais je la dis indigne.

ALCESTE

Non ; mais sur ce sujet quoi que l'on nous expose,
Les doutes sont fâcheux[§] plus que toute autre chose ;
Et je voudrais, pour moi, qu'on ne me fît savoir
Que ce qu'avec clarté l'on peut me faire voir.

ARSINOÉ

Hé bien ! c'est assez dit ; et sur cette matière
Vous allez recevoir une pleine lumière[§].
Oui, je veux que de tout vos yeux vous fassent foi :
Donnez-moi seulement la main jusque chez moi ;
Là je vous ferai voir une preuve fidèle
De l'infidélité du cœur[§] de votre belle ;
Et si pour d'autres yeux le vôtre peut brûler,
On pourra vous offrir de quoi vous consoler.

Arsinoé (Han Masson)
Donnez-moi seulement la main jusque chez moi […]
Alceste (Luc Picard)

Acte III, scène 5, vers 1128.

Théâtre du Nouveau Monde, 1998.
Mise en scène de René Richard Cyr.

ACTE IV

SCÈNE 1 : ÉLIANTE, PHILINTE

PHILINTE

Non, l'on n'a point vu d'âme à manier si dure,
Ni d'accommodement plus pénible à conclure :
En vain de tous côtés on l'a voulu tourner,
Hors de son sentiment on n'a pu l'entraîner ;
Et jamais différend si bizarre, je pense,
N'avait de ces Messieurs[1] occupé la prudence.
« Non, Messieurs, disait-il, je ne me dédis point,
Et tomberai d'accord de tout, hors de ce point.
De quoi s'offense-t-il ? et que veut-il me dire ?
Y va-t-il de sa gloire à ne pas bien écrire ?
Que lui fait mon avis, qu'il a pris de travers ?
On peut être honnête homme[§] et faire mal des vers :
Ce n'est point à l'honneur que touchent ces matières ;
Je le tiens galant homme en toutes les manières,
Homme de qualité, de mérite et de cœur[§],
Tout ce qu'il vous plaira, mais fort méchant auteur.
Je louerai, si l'on veut, son train[2] et sa dépense,
Son adresse à cheval, aux armes, à la danse ;
Mais pour louer ses vers, je suis son serviteur[3] ;
Et lorsque d'en mieux faire on n'a pas le bonheur,
On ne doit de rimer avoir aucune envie,
Qu'on n'y soit condamné sur peine de la vie[4]. »

1 *Messieurs* : les Maréchaux. Philinte raconte à Éliante la comparution d'Alceste devant le tribunal pour l'affaire du sonnet d'Oronte.

2 *train* : train de vie, fortune.

3 *je suis son serviteur* : formule de politesse ironique dans le contexte. Alceste préfère partir, quitter les lieux, plutôt que de louer les vers d'Oronte ; il tire sa révérence.

4 *peine de la vie* : peine de mort.

Enfin toute la grâce et l'accommodement
Où s'est, avec effort, plié son sentiment,
C'est de dire, croyant adoucir bien son style :
« Monsieur, je suis fâché d'être si difficile,
Et pour l'amour de vous, je voudrais, de bon cœur[§],
Avoir trouvé tantôt votre sonnet[§] meilleur. »
Et dans une embrassade[§], on leur a, pour conclure,
Fait vite envelopper toute la procédure.

ÉLIANTE

Dans ses façons d'agir, il est fort singulier ;
Mais j'en fais, je l'avoue, un cas particulier,
Et la sincérité dont son âme se pique
A quelque chose, en soi, de noble et d'héroïque.
C'est une vertu rare au siècle d'aujourd'hui,
Et je la voudrais voir partout comme chez lui.

PHILINTE

Pour moi, plus je le vois, plus surtout je m'étonne
De cette passion[1] où son cœur[§] s'abandonne :
De l'humeur dont le Ciel a voulu le former,
Je ne sais pas comment il s'avise d'aimer ;
Et je sais moins encor comment votre cousine
Peut être la personne où son pendant l'incline.

ÉLIANTE

Cela fait assez voir que l'amour, dans les cœurs[§],
N'est pas toujours produit par un rapport d'humeurs :
Et toutes ces raisons de douces sympathies
Dans cet exemple-ci se trouvent démenties.

PHILINTE

Mais croyez-vous qu'on l'aime[2], aux choses[3] qu'on peut voir ?

---

1 *cette passion* : l'amour d'Alceste pour Célimène.

2 *qu'on l'aime* : que Célimène l'aime.

3 *aux choses* : d'après ce.

Éliante

C'est un point qu'il n'est pas fort aisé de savoir.
Comment pouvoir juger s'il est vrai qu'elle l'aime ?
Son cœur[§] de ce qu'il sent n'est pas bien sûr lui-même ;
Il aime quelquefois sans qu'il le sache bien,
Et croit aimer aussi parfois qu'il n'en est rien.

Philinte

Je crois que notre ami, près de cette cousine,
Trouvera des chagrins[§] plus qu'il ne s'imagine ;
Et s'il avait mon cœur[§], à dire vérité,
Il tournerait ses vœux[§] tout d'un autre côté,
Et par un choix plus juste, on le verrait, Madame,
Profiter des bontés que lui montre votre âme.

Éliante

Pour moi, je n'en fais point de façons, et je crois
Qu'on doit, sur de tels points, être de bonne foi :
Je ne m'oppose point à toute sa tendresse[1] ;
Au contraire, mon cœur[§] pour elle s'intéresse ;
Et si c'était qu'à moi la chose pût tenir,
Moi-même à ce qu'il aime on me verrait l'unir.
Mais si dans un tel choix, comme tout se peut faire,
Son amour éprouvait quelque destin contraire,
S'il fallait que d'un autre on couronnât les feux[§],
Je pourrais me résoudre à recevoir ses vœux ;
Et le refus souffert, en pareille occurrence[2],
Ne m'y ferait trouver aucune répugnance.

Philinte

Et moi, de mon côté, je ne m'oppose pas,
Madame, à ces bontés qu'ont pour lui vos appas[§] ;
Et lui-même, s'il veut, il peut bien vous instruire
De ce que là-dessus j'ai pris soin de lui dire.

---

1 *toute sa tendresse* : la tendresse d'Alceste pour Célimène.
2 *occurrence* : cas, circonstance.

Mais si, par un hymen[1] qui les joindrait eux deux,
Vous étiez hors d'état de recevoir ses vœux[§],
Tous les miens tenteraient la faveur éclatante
Qu'avec tant de bonté votre âme lui présente :
Heureux si, quand son cœur[§] s'y pourra dérober,
Elle pouvait sur moi, Madame, retomber.

ÉLIANTE

Vous vous divertissez[2], Philinte.

PHILINTE

Non, Madame,
Et je vous parle ici du meilleur de mon âme,
J'attends l'occasion de m'offrir hautement[3],
Et de tous mes souhaits j'en presse le moment.

SCÈNE 2 : ALCESTE, ÉLIANTE, PHILINTE

ALCESTE

Ah ! faites-moi raison[4], Madame, d'une offense
Qui vient de triompher de toute ma constance.

ÉLIANTE

Qu'est-ce donc ? Qu'avez-vous qui vous puisse émouvoir ?

ALCESTE

J'ai ce que sans mourir je ne puis concevoir ;
Et le déchaînement de toute la nature
Ne m'accablerait pas comme cette aventure.
C'en est fait... Mon amour... Je ne saurais parler.

1 *hymen* : mariage.
2 *Vous vous divertissez* : vous voulez plaisanter.
3 *hautement* : librement.
4 *faites-moi raison* : vengez-moi.

ÉLIANTE

Que votre esprit un peu tâche à se rappeler.

ALCESTE

Ô juste Ciel ! faut-il qu'on joigne à tant de grâces
Les vices odieux des âmes les plus basses ?

ÉLIANTE

Mais encor qui vous peut... ?

ALCESTE

Ah ! tout est ruiné ;
Je suis, je suis trahi, je suis assassiné :
Célimène... Eût-on pu croire cette nouvelle ?
Célimène me trompe et n'est qu'une infidèle.

ÉLIANTE

Avez-vous, pour le croire, un juste fondement ?

PHILINTE

Peut-être est-ce un soupçon conçu légèrement,
Et votre esprit jaloux prend parfois des chimères[1].

ALCESTE

Ah, morbleu ![§] mêlez-vous, Monsieur, de vos affaires.
C'est de sa trahison n'être que trop certain,
Que l'avoir, dans ma poche, écrite de sa main.
Oui, Madame, une lettre écrite pour Oronte
A produit à mes yeux ma disgrâce et sa honte :
Oronte, dont j'ai cru qu'elle fuyait les soins,
Et que de mes rivaux je redoutais le moins.

PHILINTE

Une lettre peut bien tromper par l'apparence,
Et n'est pas quelquefois si coupable qu'on pense.

1 *chimères* : illusions, imaginations, faussetés.

© Robert Etcheverry.

Philinte (Alain Zouvi)
J'attends l'occasion de m'offrir hautement […]
Éliante (Sophie Prégent)

Acte iv, scène 1, vers 1215.

Théâtre du Nouveau Monde, 1992.
Mise en scène d'Olivier Reichenbach.

ALCESTE

Monsieur, encore un coup, laissez-moi, s'il vous plaît,
Et ne prenez souci que de votre intérêt.

ÉLIANTE

Vous devez modérer vos transports, et l'outrage…

ALCESTE

Madame, c'est à vous qu'appartient cet ouvrage ;
C'est à vous que mon cœur[§] à recours aujourd'hui
Pour pouvoir s'affranchir de son cuisant ennui[§].
Vengez-moi d'une ingrate et perfide[1] parente,
Qui trahit lâchement une ardeur si constante ;
Vengez-moi de ce trait[2] qui doit vous faire horreur.

ÉLIANTE

Moi, vous venger ! Comment ?

ALCESTE

En recevant mon cœur[§].
Acceptez-le, Madame, au lieu de l'infidèle :
C'est par là que je puis prendre vengeance d'elle ;
Et je la veux punir par les sincères vœux[§],
Par le profond amour, les soins respectueux,
Les devoirs empressés et l'assidu service
Dont ce cœur[3] va vous faire un ardent sacrifice.

ÉLIANTE

Je compatis, sans doute, à ce que vous souffrez,
Et ne méprise point le cœur[§] que vous m'offrez ;
Mais peut-être le mal n'est pas si grand qu'on pense,
Et vous pourrez quitter ce désir de vengeance.
Lorsque l'injure part d'un objet[§] plein d'appas[§],
On fait force desseins[§] qu'on n'exécute pas :

---

1 *perfide* : traître, malhonnête.

2 *trait* : ici, écriture de la main d'une personne.

3 *ce cœur* : son propre cœur ; le cœur d'Alceste.

On a beau voir, pour rompre, une raison puissante,
Une coupable aimée est bientôt innocente;
Tout le mal qu'on lui veut se dissipe aisément,
Et l'on sait ce que c'est qu'un courroux§ d'un amant§.

ALCESTE

Non, non, Madame, non : l'offense est trop mortelle,
Il n'est point de retour, et je romps avec elle;
Rien ne saurait changer le dessein§ que j'en fais,
Et je me punirais de l'estimer jamais.
La voici. Mon courroux redouble à cette approche;
Je vais de sa noirceur lui faire un vif reproche,
Pleinement la confondre, et vous porter après
Un cœur§ tout dégagé de ses trompeurs attraits.

SCÈNE 3 : CÉLIMÈNE, ALCESTE

ALCESTE

Ô Ciel ! de mes transports puis-je être ici le maître ?

CÉLIMÈNE

Ouais[1] ! Quel est donc le trouble où je vous vois paraître ?
Et que me veulent dire et ces soupirs poussés,
Et ces sombres regards que sur moi vous lancez ?

ALCESTE

Que toutes les horreurs dont une âme est capable
À vos déloyautés n'ont rien de comparable;
Que le sort, les démons, et le Ciel en courroux
N'ont jamais rien produit de si méchant que vous.

1 *Ouais !* : expression indiquant la surprise et non la vulgarité.

Célimène

Voilà certainement des douceurs que j'admire.

Alceste

Ah ! ne plaisantez point, il n'est pas temps de rire :
Rougissez bien plutôt, vous en avez raison ;
Et j'ai de sûrs témoins de votre trahison.
Voilà ce que marquaient les troubles de mon âme :
Ce n'était pas en vain que s'alarmait ma flamme[§] ;
Par ces fréquents soupçons, qu'on[1] trouvait odieux,
Je cherchais le malheur qu'ont rencontré mes yeux ;
Et malgré tous vos soins et votre adresse à feindre,
Mon astre[2] me disait ce que j'avais à craindre.
Mais ne présumez pas que, sans être vengé,
Je souffre le dépit de me voir outragé.
3 Je sais que sur les vœux[§] on n'a point de puissance,
Que l'amour veut partout naître sans dépendance,
Que jamais par la force on n'entra dans un cœur[§],
Et que toute âme est libre à nommer son vainqueur.
Aussi ne trouverais-je aucun sujet de plainte,
Si pour moi votre bouche avait parlé sans feinte ;
Et, rejetant[3] mes vœux dès le premier abord,
Mon cœur[§] n'aurait eu droit de s'en prendre qu'au sort.
Mais d'un aveu trompeur voir ma flamme applaudie,
C'est une trahison, c'est une perfidie[§],
Qui ne saurait trouver de trop grands châtiments,
Et je puis tout permettre à mes ressentiments.
Oui, oui, redoutez tout après un tel outrage ;
Je ne suis plus à moi, je suis tout à la rage :
Percé du coup mortel dont vous m'assassinez,
Mes sens par la raison ne sont plus gouvernés,

1 *qu'on* : que vous, Célimène. Le *on* marque l'ironie et l'aigreur d'Alceste.
2 *astre* : planète du zodiaque. L'astrologie est en vogue à la cour de Louis XIV.
3 *rejetant* : si vous aviez rejeté.

Je cède aux mouvements d'une juste colère,
Et je ne réponds pas de ce que je puis faire.

CÉLIMÈNE

D'où vient donc, je vous prie, un tel emportement ?
Avez-vous, dites-moi, perdu le jugement ?

ALCESTE

Oui, oui, je l'ai perdu, lorsque dans votre vue
J'ai pris, pour mon malheur, le poison qui me tue,
Et que j'ai cru trouver quelque sincérité
Dans les traîtres appas[§] dont je fus enchanté[1].

CÉLIMÈNE

De quelle trahison pouvez-vous donc vous plaindre ?

ALCESTE

Ah ! que ce cœur[2] est double et sait bien l'art de feindre !
Mais pour le mettre à bout, j'ai des moyens tout prêts ;
Jetez ici les yeux, et connaissez vos traits[§].
Ce billet découvert suffit pour vous confondre,
Et contre ce témoin on n'a rien à répondre.

CÉLIMÈNE

Voilà donc le sujet qui vous trouble l'esprit ?

ALCESTE

Vous ne rougissez pas en voyant cet écrit ?

CÉLIMÈNE

Et par quelle raison faut-il que j'en rougisse ?

ALCESTE

Quoi ? vous joignez ici l'audace à l'artifice ?
Le désavouerez-vous, pour n'avoir point de seing[3] ?

---

1 *enchanté* : ensorcelé.

2 *ce cœur* : ici, le cœur de Célimène.

3 *seing* : signature.

CÉLIMÈNE

Pourquoi désavouer un billet de ma main ?

ALCESTE

Et vous pouvez le voir sans demeurer confuse
Du crime dont vers[1] moi son style vous accuse ?

CÉLIMÈNE

Vous êtes, sans mentir, un grand extravagant.

ALCESTE

Quoi ? vous bravez ainsi ce témoin convaincant ?
Et ce qu'il m'a fait voir de douceur pour Oronte
N'a donc rien qui m'outrage, et qui vous fasse honte ?

CÉLIMÈNE

Oronte ! qui vous dit que la lettre est pour lui ?

3 ALCESTE

Les gens qui dans mes mains l'ont remise aujourd'hui.
Mais je veux consentir qu'elle soit pour un autre :
Mon cœur[§] en a-t-il moins à se plaindre du vôtre ?
En serez-vous vers moi moins coupable en effet ?

CÉLIMÈNE

Mais si c'est une femme à qui va ce billet,
En quoi vous blesse-t-il ? et qu'a-t-il de coupable ?

ALCESTE

Ah ! le détour est bon, et l'excuse admirable.
Je ne m'attendais pas, je l'avoue, à ce trait[2],
Et me voilà, par là, convaincu tout à fait.
Osez-vous recourir à ces ruses grossières ?
Et croyez-vous les gens si privés de lumières[§] ?
Voyons, voyons un peu par quel biais, de quel air,
Vous voulez soutenir un mensonge si clair,

1 *vers* : envers (même sens v. 1343).

2 *trait* : pointe, présence d'esprit, artifice.

Et comment vous pourrez tourner pour une femme
Tous les mots d'un billet qui montre tant de flamme[§] ?
Ajustez[1], pour couvrir un manquement de foi,
Ce que je m'en vais lire…

CÉLIMÈNE

Il ne me plaît pas, moi.
Je vous trouve plaisant d'user d'un tel empire[§],
Et de me dire au nez ce que vous m'osez dire.

ALCESTE

Non, non : sans s'emporter[2], prenez un peu souci
De me justifier les termes que voici.

CÉLIMÈNE

Non, je n'en veux rien faire ; et dans cette occurrence[§],
Tout ce que vous croirez m'est de peu d'importance.

ALCESTE

De grâce, montrez-moi, je serai satisfait,
Qu'on peut pour une femme expliquer ce billet.

CÉLIMÈNE

Non, il est pour Oronte, et je veux qu'on le croie ;
Je reçois tous ses soins avec beaucoup de joie ;
J'admire ce qu'il dit, j'estime ce qu'il est,
Et je tombe d'accord de tout ce qu'il vous plaît.
Faites, prenez parti, que rien ne vous arrête,
Et ne me rompez pas davantage la tête.

ALCESTE

Ciel ! rien de plus cruel peut-il être inventé ?
Et jamais cœur[§] fut-il de la sorte traité ?
Quoi ? d'un juste courroux[§] je suis ému contre elle,
C'est moi qui me viens plaindre, et c'est moi qu'on querelle !

---

1 *Ajustez* : tentez d'ajuster vos mensonges à ce que je vais lire.

2 *sans s'emporter* : sans que nous nous emportions.

On pousse ma douleur et mes soupçons à bout,
On me laisse tout croire, on fait gloire de tout ;
Et cependant mon cœur[§] est encore assez lâche
Pour ne pouvoir briser la chaîne qui l'attache,
Et pour ne pas s'armer d'un généreux mépris
Contre l'ingrat objet[§] dont il est trop épris !
Ah ! que vous savez bien ici, contre moi-même,
Perfide[§], vous servir de ma faiblesse extrême,
Et ménager pour vous l'excès prodigieux
De ce fatal amour né de vos traîtres yeux !
Défendez-vous au moins d'un crime[1] qui m'accable,
Et cessez d'affecter d'être envers moi coupable ;
Rendez-moi, s'il se peut, ce billet innocent :
À vous prêter les mains ma tendresse[§] consent ;
Efforcez-vous ici de paraître fidèle,
Et je m'efforcerai, moi, de vous croire telle.

Célimène

Allez, vous êtes fou, dans vos transports jaloux,
Et ne méritez pas l'amour qu'on a pour vous.
Je voudrais bien savoir qui pourrait me contraindre
À descendre pour vous aux bassesses de feindre,
Et pourquoi, si mon cœur[§] penchait d'autre côté,
Je ne le dirais pas avec sincérité.
Quoi ? de mes sentiments l'obligeante assurance
Contre tous vos soupçons ne prend pas ma défense ?
Auprès d'un tel garant, sont-ils de quelque poids ?
N'est-ce pas m'outrager que d'écouter leur voix ?
Et puisque notre cœur[§] fait un effort extrême
Lorsqu'il peut se résoudre à confesser qu'il aime,
Puisque l'honneur du sexe[2], ennemi de nos feux[§],
S'oppose fortement à de pareils aveux,

1 *crime* : ici, infidélité (voir v. 1389).

2 *honneur du sexe* : bonne conduite d'une femme (le sexe faible). Au XVIIe siècle, il est inconvenant de déclarer son amour de façon directe et crue, surtout pour une femme qui met un point d'honneur à ne pas s'y résoudre. Voir l'ACTE V, SCÈNES 2 et 3.

Alceste (Pierre Collin)
Ah ! que vous savez bien ici, contre moi-même,
Perfide, vous servir de ma faiblesse extrême […]
Célimène (Élisabeth LeSieur)

Acte iv, scène 3, vers 1381 et 1382.

Théâtre du Nouveau Monde, 1971.
Mise en scène de Jean-Pierre Ronfard.

L'amant[§] qui voit pour lui franchir un tel obstacle
Doit-il impunément douter de cet oracle[1] ?
Et n'est-il pas coupable en ne s'assurant pas[2]
À ce qu'on ne dit point qu'après de grands combats[3] ?
Allez, de tels soupçons méritent ma colère,
Et vous ne valez pas que l'on vous considère ;
Je suis sotte, et veux mal à ma simplicité[4]
De conserver encor pour vous quelque bonté ;
Je devrais autre part attacher mon estime,
Et vous faire un sujet de plainte légitime.

ALCESTE

Ah ! traîtresse, mon faible est étrange pour vous !
Vous me trompez sans doute avec des mots si doux ;
Mais il n'importe, il faut suivre ma destinée :
À votre foi mon âme est tout abandonnée ;
Je veux voir, jusqu'au bout, quel sera votre cœur[§],
Et si de me trahir il aura la noirceur.

CÉLIMÈNE

Non, vous ne m'aimez point comme il faut que l'on aime.

ALCESTE

Ah ! rien n'est comparable à mon amour extrême ;
Et dans l'ardeur qu'il a de se montrer à tous,
Il va jusqu'à former des souhaits contre vous[5].
Oui, je voudrais qu'aucun ne vous trouvât aimable,
Que vous fussiez réduite en un sort misérable,
Que le Ciel, en naissant, ne vous eût donné rien,
Que vous n'eussiez ni rang, ni naissance[6], ni bien,

---

1 *oracle* : parole qui entend prédire l'avenir.

2 *en ne s'assurant pas* : en ne se fiant pas.

3 *À ce qu'on ne dit point qu'après de grands combats ?* : à ce qu'on n'avoue son amour qu'après de grandes hésitations ?

4 *et veux mal à ma simplicité* : et je reproche à ma simplicité (innocence).

5 *former des souhaits contre vous* : espérer votre malheur.

6 *ni naissance* : ni haute naissance ; que Célimène n'appartienne pas à la noblesse.

Afin que de mon cœur[§] l'éclatant sacrifice
Vous pût d'un pareil sort réparer l'injustice,
Et que j'eusse la joie et la gloire, en ce jour,
De vous voir tenir tout des mains de mon amour.

CÉLIMÈNE

C'est me vouloir du bien d'une étrange manière !
Me préserve le Ciel que vous ayez matière… !
Voici Monsieur Du Bois, plaisamment figuré[1].

SCÈNE 4 : DU BOIS, CÉLIMÈNE, ALCESTE

ALCESTE

Que veut cet équipage[2], et cet air effaré ?
Qu'as-tu ?

DU BOIS

Monsieur…

ALCESTE

Hé bien !

DU BOIS

Voici bien des mystères.

ALCESTE

Qu'est-ce ?

DU BOIS

Nous sommes mal, Monsieur, dans nos affaires.

---

1 *plaisamment figuré* : ayant une expression comique au visage.

2 *équipage* : vêtement, accoutrement. Du Bois, le valet d'Alceste, entre au salon avec un air effaré (que Célimène trouve comique) et les vêtements en désordre.

ALCESTE

Quoi ?

DU BOIS

Parlerai-je haut ?

ALCESTE

Oui, parle, et promptement.

DU BOIS

N'est-il point là quelqu'un… ?

ALCESTE

Ah ! que d'amusement[1] !

Veux-tu parler ?

DU BOIS

Monsieur, il faut faire retraite.

ALCESTE

Comment ?

DU BOIS

Il faut d'ici déloger sans trompette.

ALCESTE

Et pourquoi ?

DU BOIS

Je vous dis qu'il faut quitter ce lieu.

ALCESTE

La cause ?

DU BOIS

Il faut partir, Monsieur, sans dire adieu.

ALCESTE

Mais par[2] quelle raison me tiens-tu ce langage ?

1 *amusement* : niaiserie, tout ce qui fait perdre du temps.

2 *par* : pour.

Du Bois

Par la raison, Monsieur, qu'il faut plier bagage.

Alceste

Ah ! je te casserai la tête assurément,
Si tu ne veux, maraud[1], t'expliquer autrement.

Du Bois

Monsieur, un homme noir et d'habit et de mine
Est venu nous laisser, jusque dans la cuisine,
Un papier griffonné d'une telle façon,
Qu'il faudrait, pour le dire, être pis que démon.
C'est de votre procès, je n'en fais aucun doute ;
Mais le diable d'enfer, je crois, n'y verrait goutte.

Alceste

Hé bien ? quoi ? ce papier, qu'a-t-il à démêler[2],
Traître, avec le départ dont tu viens me parler ?

Du Bois

C'est pour vous dire ici, Monsieur, qu'une heure ensuite[3],
Un homme qui souvent vous vient rendre visite
Est venu vous chercher avec empressement,
Et ne vous trouvant pas, m'a chargé doucement,
Sachant que je vous sers avec beaucoup de zèle,
De vous dire… Attendez, comme est-ce qu'il s'appelle ?

Alceste

Laisse là son nom, traître, et dis ce qu'il t'a dit.

Du Bois

C'est un de vos amis enfin, cela suffit.
Il m'a dit que d'ici votre péril vous chasse,
Et que d'être arrêté le sort vous y menace.

---

1 *maraud* : imbécile, sot.

2 *démêler* : faire.

3 *ensuite* : après.

ALCESTE

Mais quoi ? n'a-t-il voulu te rien spécifier ?

DU BOIS

Non : il m'a demandé de l'encre et du papier,
Et vous a fait un mot, où vous pourrez, je pense,
Du fond de ce mystère avoir la connaissance.

ALCESTE

Donne-le donc.

CÉLIMÈNE

Que peut envelopper[1] ceci ?

ALCESTE

Je ne sais ; mais j'aspire à m'en voir éclairci.
Auras-tu bientôt fait, impertinent[§] au diable ?

DU BOIS, *après l'avoir longtemps cherché.*

Ma foi ! je l'ai, Monsieur, laissé sur votre table.

ALCESTE

Je ne sais qui me tient…

CÉLIMÈNE

Ne vous emportez pas,
Et courez démêler un pareil embarras.

ALCESTE

Il semble que le sort, quelque soin que je prenne,
Ait juré d'empêcher que je vous entretienne ;
Mais pour en triompher, souffrez[2] à mon amour
De vous revoir, Madame, avant la fin du jour.

1 *envelopper* : cacher.

2 *souffrez* : permettez.

SCÈNE 1 : ALCESTE, PHILINTE

ALCESTE

La résolution en est prise, vous dis-je.

PHILINTE

Mais, quel que soit ce coup, faut-il qu'il vous oblige[§]… ?

ALCESTE

Non : vous avez beau faire et beau me raisonner,
Rien de ce que je dis ne me peut détourner :
Trop de perversité règne au siècle où nous sommes,
Et je veux me tirer du commerce[§] des hommes.
Quoi ? contre ma partie[§] on voit tout à la fois
L'honneur, la probité, la pudeur, et les lois ;
On publie en tous lieux l'équité de ma cause ;
Sur la foi de mon droit mon âme se repose :
Cependant je me vois trompé par le succès ;
J'ai pour moi la justice, et je perds mon procès !
Un traître, dont on sait la scandaleuse histoire,
Est sorti triomphant d'une fausseté noire !
Toute la bonne foi cède à sa trahison !
Il trouve, en m'égorgeant, moyen d'avoir raison !
Le poids de sa grimace, où brille l'artifice,
Renverse le bon droit, et tourne[1] la justice !
Il fait par un arrêt[§] couronner son forfait !
Et non content encor du tort que l'on me fait,
Il court parmi le monde un livre abominable,
Et de qui la lecture est même condamnable,

1 *tourne* : détourne.

Un livre à mériter la dernière rigueur,
Dont le fourbe a le front de me faire l'auteur !
Et là-dessus, on voit Oronte qui murmure[§],
Et tâche méchamment d'appuyer l'imposture !
Lui, qui d'un honnête homme[§] à la cour[§] tient le rang,
À qui je n'ai rien fait qu'être sincère et franc,
Qui me vient, malgré moi, d'une ardeur empressée,
Sur des vers qu'il a faits demander ma pensée ;
Et parce que j'en use avec honnêteté,
Et ne le veux trahir, lui ni la vérité,
Il aide à m'accabler d'un crime imaginaire !
Le voilà devenu mon plus grand adversaire !
Et jamais de son cœur[§] je n'aurai de pardon,
Pour n'avoir pas trouvé que son sonnet[§] fût bon !
Et les hommes, morbleu ![§] sont faits de cette sorte !
C'est à ces actions que la gloire les porte !
4 Voilà la bonne foi, le zèle vertueux,
La justice et l'honneur que l'on trouve chez eux !
Allons, c'est trop souffrir les chagrins[1] qu'on nous forge :
Tirons-nous de ce bois et de ce coupe-gorge.
Puisque entre humains ainsi vous vivez en vrais loups,
Traîtres, vous ne m'aurez de ma vie avec vous.

Philinte

Je trouve un peu bien prompt le dessein[§] où vous êtes,
Et tout le mal n'est pas si grand que vous le faites :
Ce que votre partie[§] ose vous imputer
N'a point eu le crédit de vous faire arrêter ;
On voit son faux rapport lui-même se détruire,
Et c'est une action qui pourrait bien lui nuire.

Alceste

Lui ? De semblables tours il ne craint point l'éclat,
Il a permission d'être franc scélérat[§] ;

1 *c'est trop souffrir les chagrins* : c'est accepter de trop supporter les malheurs.

Et loin qu'à son crédit nuise cette aventure,
On l'en verra demain en meilleure posture.

PHILINTE

Enfin il est constant qu'on n'a point trop donné
Au bruit[§] que contre vous sa malice a tourné;
De ce côté déjà vous n'avez rien à craindre;
Et pour votre procès, dont vous pouvez vous plaindre,
Il vous est en justice aisé d'y revenir,
Et contre cet arrêt[§]...

ALCESTE

Non : je veux m'y tenir.
Quelque sensible tort qu'un tel arrêt me fasse,
Je me garderai bien de vouloir qu'on le casse :
On y voit trop à plein le bon droit maltraité,
Et je veux qu'il demeure à la postérité
Comme une marque insigne, un fameux témoignage
De la méchanceté des hommes de notre âge[1].
Ce sont vingt mille francs[2] qu'il m'en pourra coûter;
Mais, pour vingt mille francs, j'aurai droit de pester
Contre l'iniquité[3] de la nature humaine,
Et de nourrir pour elle une immortelle haine.

PHILINTE

Mais enfin...

ALCESTE

Mais enfin, vos soins sont superflus :
Que pouvez-vous, Monsieur, me dire là-dessus ?
Aurez-vous bien le front de me vouloir en face
Excuser les horreurs de tout ce qui se passe ?

1 *âge* : époque, temps.
2 *vingt mille francs* : l'équivalent d'environ 15 000 dollars canadiens.
3 *iniquité* : dépravation, corruption, malhonnêteté.

Philinte

Non, je tombe d'accord de tout ce qu'il vous plaît :
Tout marche par cabale§ et par pur intérêt ;
Ce n'est plus que la ruse aujourd'hui qui l'emporte,
Et les hommes devraient être faits d'autre sorte.
Mais est-ce une raison que leur peu d'équité
Pour vouloir se tirer de leur société ?
Tous ces défauts humains nous donnent dans la vie
Des moyens d'exercer notre philosophie :
C'est le plus bel emploi que trouve la vertu ;
Et si de probité tout était revêtu,
Si tous les cœurs§ étaient francs, justes et dociles,
La plupart des vertus nous seraient inutiles,
Puisqu'on en met l'usage à pouvoir sans ennui§
Supporter, dans nos droits, l'injustice d'autrui ;
Et de même qu'un cœur§ d'une vertu profonde…

Alceste

Je sais que vous parlez, Monsieur, le mieux du monde ;
En beaux raisonnements vous abondez toujours ;
Mais vous perdez le temps et tous vos beaux discours.
La raison, pour mon bien, veut que je me retire :
Je n'ai point sur ma langue un assez grand empire§ ;
De ce que je dirais je ne répondrais pas,
Et je me jetterais cent choses sur les bras.
Laissez-moi, sans dispute, attendre Célimène :
Il faut qu'elle consente au dessein§ qui m'amène ;
Je vais voir si son cœur§ a de l'amour pour moi,
Et c'est ce moment-ci qui doit m'en faire foi.

Philinte

Montons[1] chez Éliante, attendant sa venue.

1 *Montons* : Célimène habite à l'étage et sa cousine Éliante, à celui du dessus.

Philinte (Marcel Girard)
Montons chez Éliante, attendant sa venue.
Alceste (Albert Millaire)

Acte v, scène 1, vers 1581.

Théâtre Populaire du Québec, saison 1987-1988.
Mise en scène d'Albert Millaire.

Alceste

Non : de trop de souci je me sens l'âme émue.
Allez-vous-en la voir, et me laissez enfin
4 Dans ce petit coin sombre, avec mon noir chagrin[§].

Philinte

C'est une compagnie étrange pour attendre,
Et je vais obliger Éliante à descendre.

SCÈNE 2 : Oronte, Célimène, Alceste

Oronte

Oui, c'est à vous de voir si par des nœuds[§] si doux,
Madame, vous voulez m'arracher tout à vous.
Il me faut de votre âme une pleine assurance :
Un amant[§] là-dessus n'aime point qu'on balance.
Si l'ardeur de mes feux[§] a pu vous émouvoir,
Vous ne devez point feindre à me le faire voir ;
Et la preuve, après tout, que je vous en demande,
C'est de ne plus souffrir qu'Alceste vous prétende[1],
De le sacrifier, Madame, à mon amour,
Et de chez vous enfin le bannir dès ce jour.

Célimène

Mais quel sujet si grand contre lui vous irrite,
Vous à qui j'ai tant vu parler de son mérite ?

Oronte

Madame, il ne faut point ces éclaircissements ;
Il s'agit de savoir quels sont vos sentiments.
Choisissez, s'il vous plaît, de garder l'un ou l'autre :
Ma résolution n'attend rien que la vôtre.

1 *qu'Alceste vous prétende* : qu'Alceste prétende être votre amant.

ALCESTE, *sortant du coin où il s'était retiré.*
Oui, Monsieur a raison : Madame, il faut choisir,
Et sa demande ici s'accorde à mon désir.
Pareille ardeur me presse, et même soin m'amène ;
Mon amour veut du vôtre une marque certaine,
Les choses ne sont plus pour traîner en longueur,
Et voici le moment d'expliquer votre cœur[§].

ORONTE
Je ne veux point, Monsieur, d'une flamme[§] importune[§]
Troubler aucunement votre bonne fortune.

ALCESTE
Je ne veux point, Monsieur, jaloux ou non jaloux,
Partager de son cœur[§] rien du tout avec vous.

ORONTE
Si votre amour au mien lui semble préférable…

ALCESTE
Si du moindre penchant elle est pour vous capable…

ORONTE
Je jure de n'y rien prétendre désormais.

ALCESTE
Je jure hautement de ne la voir jamais.

ORONTE
Madame, c'est à vous de parler sans contrainte.

ALCESTE
Madame, vous pouvez vous expliquer sans crainte.

ORONTE
Vous n'avez qu'à nous dire où s'attachent vos vœux[§].

ALCESTE
Vous n'avez qu'à trancher, et choisir de nous deux.

ORONTE

Quoi ? sur un pareil choix vous semblez être en peine !

ALCESTE

Quoi ? votre âme balance et paraît incertaine !

CÉLIMÈNE

Mon Dieu ! que cette instance[1] est là hors de saison,
Et que vous témoignez, tous deux, peu de raison !
Je sais prendre parti sur cette préférence,
Et ce n'est pas mon cœur[§] maintenant qui balance :
Il n'est point suspendu, sans doute, entre vous deux,
Et rien n'est si tôt fait que le choix de nos vœux[§].
Mais je souffre, à vrai dire, une gêne trop forte
À prononcer en face un aveu de la sorte :
Je trouve que ces mots qui sont désobligeants
Ne se doivent point dire en présence des gens ;
Qu'un cœur[§] de son penchant donne assez de lumière[§],
Sans qu'on nous fasse aller jusqu'à rompre en visière[§] ;
Et qu'il suffit enfin que de plus doux témoins
Instruisent un amant[§] du malheur de ses soins.

ORONTE

Non, non, un franc aveu n'a rien que j'appréhende :
J'y consens pour ma part.

ALCESTE

Et moi, je le demande :
C'est son éclat surtout qu'ici j'ose exiger,
Et je ne prétends point vous voir rien ménager.
Conserver tout le monde est votre grande étude ;
Mais plus d'amusement[§], et plus d'incertitude :
Il faut vous expliquer nettement là-dessus,
Ou bien pour un arrêt[§] je prends votre refus ;

1 *instance* : insistance.

Je saurai, de ma part[1], expliquer ce silence,
Et me tiendrai pour dit tout le mal que j'en pense.

ORONTE

Je vous sais fort bon gré, Monsieur, de ce courroux[§],
Et je lui dis ici même chose que vous.

CÉLIMÈNE

Que vous me fatiguez avec un tel caprice !
Ce que vous demandez a-t-il de la justice ?
Et ne vous dis-je pas quel motif me retient ?
J'en vais prendre pour juge Éliante qui vient.

SCÈNE 3 : ÉLIANTE, PHILINTE, CÉLIMÈNE, ORONTE, ALCESTE

CÉLIMÈNE

Je me vois, ma cousine, ici persécutée
Par des gens dont l'humeur y paraît concertée.
Ils veulent l'un et l'autre, avec même chaleur,
Que je prononce entre eux le choix que fait mon cœur[§],
Et que, par un arrêt[§] qu'en face il me faut rendre,
Je défende à l'un d'eux tous les soins qu'il peut prendre.
Dites-moi si jamais cela se fait ainsi.

ÉLIANTE

N'allez point là-dessus me consulter ici :
Peut-être y pourriez-vous[2] être mal adressée,
Et je suis pour les gens qui disent leur pensée.

1 *de ma part* : pour ma part.
2 *Peut-être y pourriez-vous* : peut-être sur ce point pourriez-vous.

ORONTE

Madame, c'est en vain que vous vous défendez.

ALCESTE

Tous vos détours ici seront mal secondés.

ORONTE

Il faut, il faut parler, et lâcher la balance[1].

ALCESTE

Il ne faut que poursuivre à[2] garder le silence.

ORONTE

Je ne veux qu'un seul mot pour finir nos débats.

ALCESTE

Et moi, je vous entends[§] si vous ne parlez pas.

SCÈNE 4 : ACASTE, CLITANDRE, ARSINOÉ, PHILINTE, ÉLIANTE, ORONTE, CÉLIMÈNE, ALCESTE

ACASTE

Madame, nous venons tous deux, sans vous déplaire,
Éclaircir avec vous une petite affaire.

CLITANDRE

Fort à propos, Messieurs, vous vous trouvez ici,
Et vous êtes mêlés dans cette affaire aussi.

1 *lâcher la balance* : dire de quel côté penche la balance de vos sentiments.

2 *poursuivre à* : continuer à. Pour Alceste, le silence de Célimène serait aussi éloquent qu'une parole (voir v. 1668).

CLITANDRE (Guy Jodoin)
Fort à propos, Messieurs, vous vous trouvez ici,
Et vous êtes mêlés dans cette affaire aussi.

ACTE V, SCÈNE 4, vers 1671 et 1672.

THÉÂTRE DU NOUVEAU MONDE, 1998.
Mise en scène de René Richard Cyr.

ARSINOÉ

Madame, vous serez surprise de ma vue;
Mais ce sont ces Messieurs qui causent ma venue :
Tous deux ils m'ont trouvée, et se sont plaints à moi
D'un trait[§] à qui[1] mon cœur[§] ne saurait prêter foi.
J'ai du fond de votre âme une trop haute estime,
Pour vous croire jamais capable d'un tel crime :
Mes yeux ont démenti leurs témoins les plus forts;
Et l'amitié passant sur de petits discords[2],
J'ai bien voulu chez vous leur faire compagnie,
Pour vous voir vous laver de cette calomnie[3].

ACASTE

Oui, Madame, voyons, d'un esprit adouci,
Comment vous vous prendrez à soutenir ceci.
Cette lettre par vous est écrite à Clitandre ?

CLITANDRE

Vous avez pour Acaste écrit ce billet tendre ?

ACASTE

Messieurs, ces traits[§] pour vous n'ont point d'obscurité,
Et je ne doute pas que sa civilité
À connaître sa main n'ait trop su vous instruire;
Mais ceci vaut assez la peine de le lire.

Vous êtes un étrange homme de condamner mon enjouement, et de me reprocher que je n'ai jamais tant de joie que lorsque je ne suis pas avec vous. Il n'y a rien de plus injuste; et si vous ne venez bien vite me demander pardon de cette offense, je ne vous la pardonnerai de ma vie. Notre grand flandrin[4] de Vicomte…

Il devrait être ici.

---

1 *D'un trait à qui* : d'un écrit auquel.

2 *discords* : discordances.

3 *calomnie* : accusation mensongère, diffamation.

4 *flandrin* : homme grand, voûté et très maigre; dadais.

Notre grand flandrin de Vicomte, par qui vous commencez vos plaintes, est un homme qui ne saurait me revenir; et depuis que je l'ai vu, trois quarts d'heure durant, cracher dans un puits pour faire des ronds, je n'ai pu jamais prendre bonne opinion de lui. Pour le petit Marquis...

C'est moi-même, Messieurs, sans nulle vanité.

Pour le petit Marquis, qui me tint hier longtemps la main[1], *je trouve qu'il n'y a rien de si mince que toute sa personne; et ce sont de ces mérites qui n'ont que la cape et l'épée*[2]. *Pour l'homme aux rubans verts*[3]*...*

À vous le dé, Monsieur.

Pour l'homme aux rubans verts, il me divertit quelquefois avec ses brusqueries et son chagrin[§] *bourru; mais il est cent moments où je le trouve le plus fâcheux*[§] *du monde. Et pour l'homme à la veste...*

Voici votre paquet.

Et pour l'homme à la veste, qui s'est jeté dans le bel esprit et veut être auteur malgré tout le monde, je ne puis me donner la peine d'écouter ce qu'il dit; et sa prose me fatigue autant que ses vers. Mettez-vous donc en tête que je ne me divertis pas toujours si bien que vous pensez; que je vous trouve à dire plus[4] *que je ne voudrais, dans toutes les parties*[5] *où l'on m'entraîne; et que c'est un merveilleux assaisonnement aux plaisirs qu'on goûte que la présence des gens qu'on aime.*

---

1 *me tint hier longtemps la main* : me donna hier longtemps le bras.

2 *ces mérites qui n'ont que la cape et l'épée* : ces mérites dont il n'a que l'apparence. Célimène considère que le petit Marquis, Acaste, n'a aucune noblesse en lui-même et qu'il la doit uniquement à sa naissance et aux habits (cape et épée) qu'il porte.

3 *l'homme aux rubans verts* : dans la première mise en scène du *Misanthrope* en juin 1666, Alceste, joué par Molière, portait un habit orné de rubans verts.

4 *que je vous trouve à dire plus* : que je vous regrette d'autant plus.

5 *parties* : soirées, réceptions.

Clitandre

Me voici maintenant moi.

Votre Clitandre dont vous me parlez, et qui fait tant le doucereux, est le dernier des hommes pour qui j'aurais de l'amitié. Il est extravagant de se persuader qu'on l'aime; et vous l'êtes de croire qu'on ne vous aime pas. Changez, pour être raisonnable, vos sentiments contre les siens; et voyez-moi le plus que vous pourrez pour m'aider à porter[1] *le chagrin*[§] *d'en être obsédée.*

D'un fort beau caractère on voit là le modèle,
Madame, et vous savez comment cela s'appelle ?
Il suffit : nous allons l'un et l'autre en tous lieux
Montrer de votre cœur[§] le portrait glorieux.

Acaste

J'aurais de quoi vous dire, et belle est la matière;
Mais je ne vous tiens pas digne de ma colère;
Et je vous ferai voir que les petits marquis
Ont, pour se consoler, des cœurs[§] du plus haut prix.

Oronte

Quoi ? de cette façon je vois qu'on me déchire,
Après tout ce qu'à moi je vous ai vu m'écrire !
Et votre cœur[§], paré de beaux semblants d'amour,
À tout le genre humain se promet tour à tour !
Allez, j'étais trop dupe, et je vais ne plus l'être.
Vous me faites un bien, me faisant vous connaître :
J'y profite d'un cœur[2] qu'ainsi vous me rendez,
Et trouve ma vengeance en ce que vous perdez.

(À Alceste.)

Monsieur, je ne fais plus d'obstacle à votre flamme[§],
Et vous pouvez conclure affaire avec Madame.

1 *porter* : supporter.

2 *J'y profite d'un cœur* : grâce à cela, je profite à nouveau de mon cœur.

ARSINOÉ

Certes, voilà le trait[1] du monde le plus noir;
Je ne m'en saurais taire, et me sens émouvoir[2].
Voit-on des procédés qui soient pareils aux vôtres ?
Je ne prends point de part aux intérêts des autres[3];
Mais Monsieur[4], que chez vous fixait votre bonheur,
Un homme comme lui, de mérite et d'honneur,
Et qui vous chérissait avec idolâtrie,
Devait-il… ?

ALCESTE

Laissez-moi, Madame, je vous prie,
Vider mes intérêts moi-même là-dessus,
Et ne vous chargez point de ces soins superflus.
Mon cœur[§] a beau voir prendre ici sa querelle[5],
Il n'est point en état de payer ce grand zèle :
Et ce n'est pas à vous que je pourrai songer,
Si par un autre choix je cherche à me venger.

ARSINOÉ

Hé ! croyez-vous, Monsieur, qu'on ait[6] cette pensée,
Et que de vous avoir on soit[7] tant empressée ?
Je vous trouve un esprit bien plein de vanité,
Si de cette créance[8] il peut s'être flatté.
Le rebut[§] de Madame est une marchandise
Dont on aurait grand tort d'être si fort éprise.
Détrompez-vous, de grâce, et portez-le moins haut :
Ce ne sont pas des gens comme moi qu'il vous faut;

---

1 *trait* : ici, l'écrit et, par extension, le caractère de Célimène.

2 *émouvoir* : émue.

3 *des autres* : d'Oronte, d'Acaste et de Clitandre.

4 *Monsieur* : Alceste. Arsinoé n'a d'yeux que pour lui.

5 *prendre ici sa querelle* : le défendre ici dans cette querelle.

6 *qu'on ait* : que j'aie.

7 *on soit* : je sois.

8 *créance* : croyance.

Vous ferez bien encor de soupirer pour elle,
Et je brûle de voir une union si belle.

(Elle se retire.)

ALCESTE

Hé bien ! je me suis tu, malgré ce que je vois.
Et j'ai laissé parler tout le monde avant moi :
Ai-je pris sur moi-même un assez long empire[§],
Et puis-je maintenant… ?

CÉLIMÈNE

Oui, vous pouvez tout dire :
Vous en êtes en droit, lorsque vous vous plaindrez,
Et de me reprocher tout ce que vous voudrez,
J'ai tort, je le confesse, et mon âme confuse
Ne cherche à vous payer d'aucune vaine excuse.
J'ai des autres ici méprisé le courroux[§],
Mais je tombe d'accord de mon crime envers vous.
Votre ressentiment, sans doute, est raisonnable :
Je sais combien je dois vous paraître coupable,
Que toute chose dit que j'ai pu vous trahir,
Et qu'enfin vous avez sujet de me haïr.
Faites-le, j'y consens.

ALCESTE

Hé ! le puis-je, traîtresse ?
Puis-je ainsi triompher de toute ma tendresse ?
Et quoique avec ardeur je veuille vous haïr,
Trouvé-je un cœur[§] en moi tout prêt à m'obéir ?

(À Éliante et Philinte.)

Vous voyez ce que peut une indigne tendresse,
Et je vous fais tous deux témoins de ma faiblesse.
Mais, à vous dire vrai, ce n'est pas encor tout,
Et vous allez me voir la pousser jusqu'au bout,

Montrer que c'est à tort que sages on nous nomme,
Et que dans tous les cœurs[§] il est toujours de l'homme[1].
Oui, je veux bien, perfide[§], oublier vos forfaits ;
J'en saurai, dans mon âme, excuser tous les traits[§],
Et me les couvrirai du nom d'une faiblesse[2]
Où le vice du temps[§] porte votre jeunesse,
Pourvu que votre cœur[§] veuille donner les mains[3]
Au dessein[§] que j'ai fait de fuir tous les humains,
Et que dans mon désert, où j'ai fait vœu de vivre,
Vous soyez, sans tarder, résolue à me suivre :
C'est par là seulement que, dans tous les esprits,
Vous pouvez réparer le mal de vos écrits,
Et qu'après cet éclat, qu'un noble cœur[§] abhorre,
Il peut m'être permis de vous aimer encore.

CÉLIMÈNE

Moi, renoncer au monde avant que de vieillir,
Et dans votre désert aller m'ensevelir !

ALCESTE

Et s'il faut qu'à mes feux[§] votre flamme[§] réponde,
Que vous doit importer tout le reste du monde ?
Vos désirs avec moi ne sont-ils pas contents[4] ?

CÉLIMÈNE

La solitude effraye une âme de vingt ans :
Je ne sens point la mienne assez grande, assez forte,
Pour me résoudre à prendre un dessein de la sorte.
Si le don de ma main peut contenter vos vœux[§],
Je pourrai me résoudre à serrer de tels nœuds[§] ;
Et l'hymen[§]…

---

1 *il est toujours de l'homme* : il y a toujours de la faiblesse humaine.

2 *les couvrirai du nom d'une faiblesse* : les excuserai au nom de la faiblesse.

3 *donner les mains* : me donner la main, s'offrir.

4 *contents* : satisfaits.

ALCESTE

Non : mon cœur[§] à présent vous déteste,
Et ce refus lui seul fait plus que tout le reste.
Puisque vous n'êtes point, en des liens si doux,
Pour trouver tout en moi, comme moi tout en vous,
Allez, je vous refuse, et ce sensible outrage
De vos indignes fers[1] pour jamais me dégage.

(Célimène se retire, et Alceste parle à Éliante.)

Madame, cent vertus ornent votre beauté,
Et je n'ai vu qu'en vous de la sincérité ;
De vous, depuis longtemps, je fais un cas extrême ;
Mais laissez-moi toujours vous estimer de même ;
Et souffrez que mon cœur[§], dans ses troubles divers,
Ne se présente point à l'honneur de vos fers :
Je m'en sens trop indigne, et commence à connaître
Que le Ciel pour ce nœud[2] ne m'avait point fait naître ;
Que ce serait pour vous un hommage trop bas
Que le rebut[§] d'un cœur[§] qui ne vous valait pas ;
Et qu'enfin…

ÉLIANTE

Vous pouvez suivre cette pensée :
Ma main de se donner n'est pas embarrassée ;
Et voilà votre ami, sans trop m'inquiéter[3],
Qui, si je l'en priais, la pourrait accepter.

PHILINTE

Ah ! cet honneur, Madame, est toute mon envie.
Et j'y sacrifierais et mon sang et ma vie.

1 *fers* : charmes de la femme qui retiennent son amant, comme les fers de lourdes chaînes retiennent le prisonnier.

2 *nœud* : ici, mariage.

3 *sans trop m'inquiéter* : sans que je m'inquiète trop.

ALCESTE

Puissiez-vous, pour goûter de vrais contentements,
L'un pour l'autre à jamais garder ces sentiments !
Trahi de toutes parts, accablé d'injustices,
Je vais sortir d'un gouffre où triomphent les vices,
Et chercher sur la terre un endroit écarté
Où d'être homme d'honneur on ait la liberté.

PHILINTE

Allons, Madame, allons employer toute chose,
Pour rompre le dessein[§] que son cœur[§] se propose.

J. B. P. Molière

Alceste
Moi, je veux me fâcher, et ne veux point entendre.
(Acte i, scène i, vers 5.)

Frontispice de l'édition originale de 1667.
Bibliothèque nationale de France.

Alceste
Vous ne rougissez pas en voyant cet écrit ?
(Acte iv, scène 3, vers 1328.)

Frontispice de J.-M. Moreau le Jeune,
édition de 1773.

Molière.

Par Pierre Mignard.
Musée Condé, Chantilly.

Présentation de l'Œuvre

Entrée du roi à Paris en 1652.

GRAVURE DU XVIIe SIÈCLE.
Cabinet des Estampes, Paris.

Molière et son temps

LE CONTEXTE HISTORIQUE

Le Grand Siècle et l'absolutisme de Louis XIV

La France atteint l'apogée de sa puissance politique et de son rayonnement culturel pendant le Grand Siècle, une période historique située entre l'assassinat du roi Henri IV, en 1610, et la mort de Louis XIV, le Roi-Soleil, en 1715.

En politique extérieure, la puissance française se développe grâce au sens diplomatique aigu de deux habiles ministres : le cardinal de Richelieu et son successeur, le cardinal Mazarin. Par le jeu des alliances diplomatiques et des guerres stratégiques, la France affaiblit ses ennemis et se place en position avantageuse sur l'échiquier européen. Quand, en 1660, Louis XIV prend les rênes du pouvoir, elle s'avère le plus vaste royaume d'Europe occidentale, et les victoires militaires ne cessent d'en agrandir le territoire. Sa puissante armée compte plus de trente mille hommes.

Le règne de Louis XIV favorise une organisation sociale rigide et hiérarchisée. Au sommet, le roi détient le pouvoir absolu. La noblesse occupe les hautes fonctions au sein de l'armée et de l'Église, mais Louis XIV l'éloigne des charges politiques. Il est trop conscient depuis la Fronde[1] du danger qu'elle représente pour son autorité. Le roi s'entoure plus volontiers de ministres et de conseillers issus de la bourgeoisie. Ceux-ci, tout dévoués au monarque et très sensibles aux honneurs, se révèlent souvent d'excellents administrateurs.

Quant au peuple, sans éducation ni ressources, il vit dans la misère et mange rarement à sa faim[2]. Les gens de maison (valets, bonnes, cuisiniers) ont le privilège de vivre chez les nantis ; leurs conditions de vie s'en trouvent améliorées, même s'ils demeurent à la merci du caprice des maîtres. Les

1 Voir page 122.

2 En 1660, à la suite des années de mauvaises récoltes, la France est en proie à une famine qui tue des milliers de pauvres.

paysans, connaissant un sort à peine meilleur, triment dur aux travaux de la ferme. Ceux qui s'en tirent le mieux restent les artisans, organisés en «compagnonnages»[1], ainsi que les soldats, gardes et fantassins, logés, nourris et assez régulièrement payés.

Les taxes et les impôts, très lourds, privent souvent les pauvres des premières nécessités, mais ils sont indispensables à l'entretien coûteux de la cour de France, institution grâce à laquelle Louis XIV maintient son emprise sur la noblesse.

La Fronde

La méfiance de Louis XIV envers la noblesse remonte à la mort d'Henri IV en 1610. Le père de Louis XIV, Louis XIII, qui n'a alors que neuf ans, ne peut régner. Selon les lois en vigueur, le roi doit avoir atteint la majorité (17 ans) pour prendre le pouvoir. Avant cet âge, un membre de la famille royale assume ce qu'on appelle une *régence*. Dans le cas de Louis XIII, Marie de Médicis, sa mère et reine de France, exerce la régence de 1610 à 1617. Louis XIII devra lui arracher le sceptre des mains et l'exiler du pays pour affermir son autorité, ce qui crée des remous. La noblesse reste fidèle à la reine et ne cessera de contester l'autorité du roi pendant tout son règne. À la mort de Louis XIII (1643), le même scénario se répète ; puisque le petit Louis XIV est âgé de cinq ans, sa mère, Anne d'Autriche, assure la régence. Mais elle épouse secrètement un de ses conseillers, le cardinal Mazarin, hostile aux nobles. Il n'en faut pas plus pour mettre le feu aux poudres.

Le 10 juillet 1648, une assemblée de rebelles de haute naissance promulgue la Déclaration des vingt-sept articles qui entend limiter les pouvoirs du roi et accroître ceux de la noblesse grâce à l'institution d'une monarchie parlementaire. C'est le début de la Fronde : près de cinq années de

1 Organisations ouvrières divisées par corps de métier.

Harangue d’un frondeur aux Parisiens.

bouleversements politiques et sociaux pendant lesquelles les nobles tentent de renverser la monarchie. Ils exigent surtout la destitution de Mazarin. Ils ne l'obtiendront que deux ans plus tard. Entre-temps, le bruit court que la régente et son fils, l'enfant-roi, sont en fuite. Dans la nuit du 9 au 10 février 1651, une foule inquiète prend d'assaut le palais, voulant s'assurer que le roi est bien à Paris. Du balcon du château, Anne d'Autriche doit exposer le petit Louis, âgé de 12 ans. La foule repart satisfaite, mais un an plus tard, le roi doit effectivement fuir devant un coup de force militaire mené par le prince de Condé. À l'été 1652, l'armée du roi affronte celle du prince dans les rues de la capitale. C'est la guerre civile. Les Parisiens, effrayés par la tournure des événements, souhaitent un prompt retour du roi. À la demande expresse de ce dernier aux autorités, les habitants coupent les vivres à l'armée de Condé qui occupe la ville. Le roi rentre à Paris en fin d'année et rappelle Mazarin à ses côtés en février 1653. La Fronde devient chose du passé.

La noblesse

Après la Fronde, Mazarin conseille à Louis XIV de faire la paix avec la noblesse, mais d'anéantir ses prétentions politiques. Afin de ménager les susceptibilités, le ministre suggère d'attirer les nobles à Paris en leur promettant une vie de cour fastueuse et brillante. Le plan dépasse bientôt toutes les espérances. Les nobles affluent des quatre coins du royaume vers la cour de France, lieu d'une société des plus recherchées. Prisonniers volontaires d'une cage dorée, les nobles perdent bientôt tout contact avec les réalités politiques, économiques et sociales. Ils n'ont plus d'autres soucis que ceux de dépenser leur fortune, de goûter à des plaisirs et des divertissements sophistiqués, dont la renommée se répand à travers l'Europe. En 1661, à la mort de Mazarin, Louis XIV lance le projet de construction de Versailles dans le même esprit d'apparat et de lustre.

Combat au Faubourg Saint-Antoine,
livré le 16 juillet 1652 par le prince de Condé.

Dessin anonyme.
Bibliothèque nationale de France.

Classe sociale oisive, sans obligations ni pouvoir, la noblesse détient ses privilèges de fortune et de titre d'une haute naissance. Une éducation raffinée et policée achève d'en distinguer les membres. Certes, un noble vaque bien à quelques occupations. Il doit, par exemple, gérer sa fortune. De mois en mois, l'intendant de son domaine entreprend le voyage à Paris et fait rapport de sa gestion des terres. Il en est de même pour l'hôtel particulier de Paris ; quotidiennement, le maître d'hôtel rend compte de l'embauche des nouveaux domestiques, du remplacement des chevaux ou de la visite du tapissier qui vient rafraîchir le boudoir...

Dans le cérémonial pompeux de la cour ou dans le faste mondain des salons résident les réelles fonctions de la noblesse, fonctions dont la valeur et l'utilité sont toutes symboliques. En termes moins choisis, la noblesse passe le plus clair de son temps à se laisser vivre. Sa seule activité essentielle consiste à «paraître dans le monde». C'est pourquoi un noble, homme ou femme, consacre tant de soins à ses sorties publiques. La mise revêt une extrême importance. Le choix judicieux d'un vêtement, d'un bijou, d'une dentelle, sans compter une foule de détails, tels la perruque et le parfum, assure souvent le succès d'une entreprise où savoir se distinguer constitue un impératif. La séance d'habillement nécessite beaucoup de temps et au moins l'aide d'un valet ou d'une caméritse, afin d'ajuster correctement les vêtements et de disposer les accessoires fort élaborés. Puis le carrosse est avancé, le noble y monte et prend la direction de la cour ou de la ville.

À la cour, le noble paraît aux cérémonies protocolaires. Il participe aux banquets et divertissements, des occasions privilégiées d'intriguer pour obtenir quelque faveur royale[1]. À la ville, il est reçu, suivant son rang, dans tel ou tel salon,

1 Louis XIV attache, en effet, bon nombre d'aristocrates à la cour par l'octroi de charges ou d'emplois honorifiques aussi inutiles que bien rémunérés.

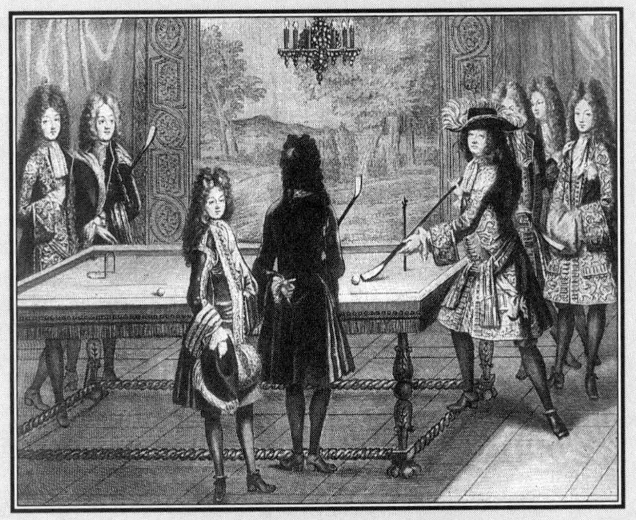

Louis XIV jouant au billard
lors des soirs d'appartement à Versailles.

GRAVURE D'ANTOINE TROUVAIN, 1694.
Cabinet des Estampes, Paris.

lieu de réception où une femme riche, noble et cultivée accueille les gens de qualité. La bienséance dicte partout les normes du comportement, des propos et du langage. On croise beaucoup d'écrivains, de penseurs, de personnes influentes… et de jolies femmes. Les salons réunissent souvent d'imposants cercles intellectuels et artistiques, dans lesquels on brûle d'être admis, car chacun se pique d'avoir du goût et de s'y entendre aux choses de l'esprit. Ce lieu spirituel et élégant sert de cadre au *Misanthrope*.

LE CONTEXTE CULTUREL

Le classicisme et le roi

La mort de Mazarin (1661) et le début du règne de Louis XIV coïncident, dans le domaine de l'art, avec les débuts du classicisme triomphant. Avant cette date, le baroque livrait au classicisme une lutte d'égal à égal. Mais les goûts du roi pour la discipline, l'ordre et la régularité favorisent le classicisme et l'imposent à la cour. Concevant la valeur de son autorité au-delà de la sphère politique, le roi entend donner le ton en matière d'arts. En littérature, un écrivain devient célèbre dès que le roi complimente ses œuvres et lui en commande de nouvelles. Par exemple, les comédies-ballets de Molière, presque toutes destinées aux fêtes du Louvre ou de Saint-Germain, palais royaux de France, ne visent d'autre but que de répondre aux exigences du roi, de lui plaire et même de mettre en valeur ses talents dans quelque rôle qu'il s'est parfois plu à danser[1]. Et Louis XIV ne pratique pas que la danse. En 1664, il apprend à composer des vers et lance ainsi une mode à laquelle *Le Misanthrope* fait écho[2].

Dans ses rapports avec les penseurs et les créateurs, Louis XIV a tôt saisi que leur soumission s'obtient plus

1 En 1664, Louis XIV danse le rôle d'un Égyptien dans *Le Mariage forcé*.

2 Acte I, scène 2.

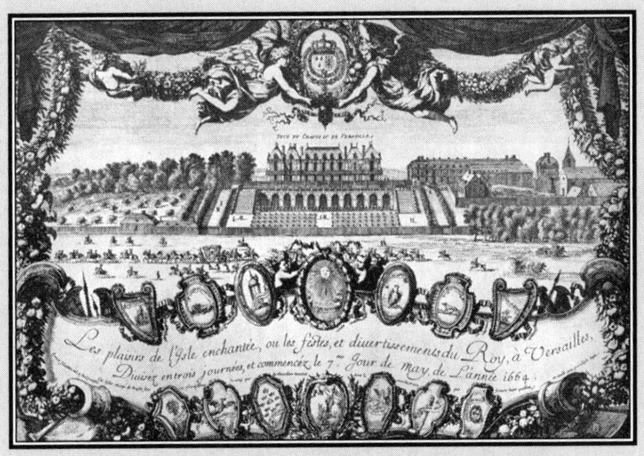

Illustration pour *Les plaisirs de l'Isle enchantée,* divertissements royaux que Louis XIV avait demandé à Molière d'animer.

Gravure de I. Sylvestre, 1664.

aisément par les honneurs que par la répression[1]. Certes, la censure interdit parfois certaines œuvres dangereuses[2]. Cependant, la fortune et la gloire promises à ceux qui savent ravir le roi font mieux que toute action offensive en vue d'imposer les volontés et les goûts royaux. Une vive compétition entre les artistes ne manque pas d'en résulter. Elle suscite un essor sans précédent de l'art français dans la seconde moitié du XVIIe siècle.

L'activité théâtrale au XVIIe siècle

Le XVIIe siècle connaît une activité théâtrale d'autant plus forte que les troupes se livrent une compétition féroce pour attirer le public de même que les faveurs du roi et de la cour. Sous le règne de Louis XIV, vingt à trente troupes se disputent le marché parisien. Plusieurs ne survivent que quelques années, voire quelques mois. Molière, à ses débuts, a d'ailleurs subi les rigueurs de ce milieu[3]. D'autres sont des compagnies influentes. La troupe de l'Hôtel de Bourgogne, une des plus anciennes, protégée par Richelieu et pensionnée par la couronne de France, compte des tragédiens expérimentés ; le Théâtre du Marais, situé dans ce quartier de Paris, a l'honneur de présenter *Le Cid* (1636) de Corneille, un de ses plus brillants succès, mais affectionne les pièces à machines[4] ; la troupe des Italiens, qui partage successivement la salle du Petit-Bourbon et celle du Palais-Royal avec la troupe de Molière, est réputée comme la spécialiste de la

1 Le cardinal de Richelieu, fondateur de l'Académie française en 1635, avait déjà saisi cet enjeu en trois temps : 1 – L'Académie couvre d'honneurs des intellectuels, ce qui permet à l'État de se les allier. 2 – L'Académie assure que les débats sur la langue sortent du cénacle privé des salons. 3 – Par le caractère public et officiel de l'Académie, l'État impose les règles et les usages de la langue.

2 En 1660, *Les Provinciales* de Pascal sont brûlées en place publique sur ordre royal.

3 Voir, dans les notes biographiques, le passage sur l'Illustre-Théâtre.

4 Pièce de théâtre où l'intrigue ménage des moments propices au déploiement d'ingénieux mécanismes de scène. À la fin du *Dom Juan* de Molière, le protagoniste voit le sol s'ouvrir sous ses pieds et les flammes l'engloutir dans l'abîme.

Salle du Petit-Bourbon où jouera Molière.

commedia dell'arte; enfin, celle de Molière, dont la célébrité découle de ses comédies[1].

Mise à part la troupe des Italiens, toutes les compagnies jouent des tragédies (Corneille, Cyrano de Bergerac, Racine, Rotrou, etc.) et des comédies. La troupe de Molière détient l'exclusivité des comédies de son directeur. Cependant, elle présente aussi des comédies d'autres dramaturges (Donneau de Visé, Scarron). Il est rare qu'une seule pièce fasse l'affiche d'un programme. Le plus souvent, on propose une tragédie, suivie d'une comédie en un acte ou d'une pastorale. Revient à Molière l'innovation de présenter une seule grande comédie, parfois agrémentée d'une farce.

La représentation théâtrale

Depuis 1609, une ordonnance de police fixe le début des spectacles à quatorze heures. Les représentations doivent être terminées avant la tombée de la nuit car, à cette époque, les rues de Paris sont peu sûres. De simples affiches collées au coin des rues annoncent les spectacles. Le bouche à oreille contribue toutefois beaucoup plus au succès d'une pièce. On joue les mardi, vendredi et dimanche. Les autres jours, appelés «extraordinaires», moins favorables, sont utilisés par la moins importante des deux troupes qui occupent une même salle.

La société qui fréquente les théâtres s'avère indisciplinée. D'abord, le silence respectueux et attentif, de mise aujourd'hui, n'existe pas. Cette coutume date de la fin du XIXe siècle. Au XVIIe siècle, d'un bout à l'autre de la salle, les gens s'interpellent ou s'injurient avant, pendant et après la représentation. Les moments forts de celle-ci sont applaudis à tout

1 En 1665, la troupe de Molière devient la Troupe du roi. Elle joue toujours dans la même salle, mais doit répondre sans délai aux demandes particulières du roi. Pour combler celles-ci, Louis XIV lui octroie une pension de 6 000 livres par an (50 000 dollars canadiens). Il requiert à l'occasion les services de sa troupe pour des représentations d'œuvres de son choix, devant lui, à la cour. Il lui commande aussi des comédies-ballets, que Molière écrit à la hâte pour satisfaire aux désirs royaux.

Hôtel de Bourgogne et ses acteurs.

rompre; les faiblesses, sifflées sans retenue. Des théâtres concurrents ou des nobles qui s'opposent à un auteur organisent souvent des *cabales*: un groupe d'individus payés pour faire le plus de raffut possible et faire chuter la pièce, ce qui ne plaît pas toujours à tous. Entre admirateurs et gens de la cabale, on en vient parfois aux mains. Ces bagarres obligent les agents du guet à intervenir de façon musclée. Par ailleurs, si l'unanimité penche contre la pièce, le public peut forcer les comédiens à l'interrompre et à en jouer une autre séance tenante! La pièce peut aussi se dérouler dans l'indifférence générale, le public s'occupant à autre chose qu'à écouter les acteurs. S'ajoutent les voleurs qui vident de leur bourse les spectateurs distraits et des «filles» qui proposent, pour quelques sous, des services dans un recoin sombre de la salle…

Outre les cabales, une troupe peut nuire à une rivale en reprenant le sujet de sa pièce à succès. Les œuvres de Molière ont ainsi connu copies et parodies. Aux *Précieuses ridicules* (1659), premier triomphe de Molière, un certain Somaize opposa, quelques jours plus tard au théâtre de la rue Mauconseil, ses *Véritables Précieuses.* C'est dire qu'une pièce pouvait parfois s'écrire en deux temps trois mouvements! On se passionne aussi pour les luttes. Un auteur laisse-t-il savoir qu'il prépare une tragédie sur telle figure de l'Antiquité qu'un second s'empresse d'en écrire une sur le même thème. C'est ainsi que s'est produit, en 1670, le célèbre affrontement entre Corneille (*Tite et Bérénice*) et Racine (*Bérénice*), dont ce dernier est sorti victorieux.

Les tragédies se jouent dans de simples «palais à volonté», des antichambres de château, dont l'architecture rappelle le XVIIe siècle, peu importe si le lieu de l'action se situe dans l'Antiquité ou dans la Renaissance. Aucun souci de ressemblance non plus pour les costumes. D'une rare splendeur, ils appartiennent souvent en propre au comédien ou à la comédienne. Quant au jeu, il varie énormément

Salle du Palais-Royal où jouera Molière
après la démolition du Petit-Bourbon en 1660.

Peinture sur bois attribuée à Jean de Saint-Igny.
Musée des Arts décoratifs.

d'une troupe à l'autre. La troupe de Molière doit sa notoriété en grande partie à l'excellence de son jeu. Des contemporains soulignent dans leurs écrits combien les enchaînements, les déplacements et le rythme des scènes jouissent d'une précision et d'une pertinence exceptionnelles. Molière exige de ses acteurs un jeu incarné, naturel et d'à-propos. Tous les pas, les grimaces et les jeux de scène soigneusement réglés doivent contribuer à rendre chaque scène avec vérité. De plus, l'acteur doit posséder le physique de l'emploi, car un jeune prince ne saurait être joué par quelque gros acteur frisant la cinquantaine. Bref, Molière pratique un art de la scène assez semblable à celui d'aujourd'hui, mais contraire à celui, très ampoulé, des acteurs de l'Hôtel de Bourgogne, contre lesquels il mena en vain une campagne acharnée. Voilà pourquoi le public du XVIIe siècle, habitué à la déclamation lente et alambiquée de l'Hôtel de Bourgogne, trouve incongru, dans les tragédies, le jeu vif et sans excès de la troupe de Molière, préférant lui voir jouer des comédies et des farces.

La préciosité et ses salons

La préciosité apparaît au début du XVIIe siècle. Ce courant européen, caractérisé par un intérêt pour les formes complexes, l'ingéniosité et la haute érudition, recherche le beau et le gracieux. Contrairement au baroque, plus dynamique et moins esthétisant, la préciosité use de toutes les subtilités de la pensée pour mettre en œuvre des procédés raffinés, voire obscurs. En France, avant de s'immiscer dans toutes les formes d'art, la préciosité se développe dans les salons.

Inconnu avant la fin de siècle, le terme *salon* est abusivement employé de nos jours pour désigner les lieux de réception mondains, apparus en France peu avant la mort d'Henri IV, en 1610. Pendant tout le XVIIe siècle, les salons demeurent à la ville des endroits que recherchent la noblesse et la haute bourgeoisie. Plusieurs salons sont restés célèbres : le salon de Mme de Rambouillet, celui de Mme de Sablé et celui de Mlle de Scudéry. Les habitués des salons s'adonnent avec délices à la littérature. Ils s'amusent à des jeux de société et, par-dessus tout, s'occupent à la conversation : un art d'un haut raffinement, où tout bel esprit doit savoir briller par la justesse de son discours, la finesse de ses propositions et l'aisance de ses réparties.

Dès le début du XVIIe siècle, certains lettrés dits «précieux» entendent rehausser leur personne et leur langage. Pour eux, il est évident qu'une pensée ne vaut rien si le premier venu peut la saisir sans difficulté. Même si le peuple ne sait pas lire et ne risque pas de contaminer l'art ou la pensée, les précieux n'en désirent pas moins s'élever encore plus nettement au-dessus de la personne sans éducation. Avec leur volonté esthétisante, ils cherchent à se distinguer par un esprit et un discours raffinés.

Dans les cas où la recherche se limite au bon goût et à la bienséance, la préciosité demeure pleine de charme. Quand elle tombe dans l'affectation et l'extravagance, le ridicule la guette. Le travail des précieux sur la langue permet d'illustrer ces deux tendances. Dans les premiers temps du mouvement, on s'attarde surtout à l'acception des mots. On se passionne pour le mot juste, l'expression nette; on dit : *j'aime* une femme, *j'apprécie* un spectacle et je *goûte* ce fruit. Outre cette volonté de fixer la langue et d'y mettre de l'ordre, on s'intéresse aussi à la nouveauté. Plusieurs mots, aujourd'hui courants, témoignent de néologismes alors forgés (*anonyme, bravoure, s'enthousiasmer, incontestable*…), tout comme l'emploi de certains adverbes ou adjectifs superlatifs (*furieusement, terriblement*; *admirable, horrible*…). Tandis que le vocabulaire s'enrichit par la nouveauté, se conteste davantage l'utilisation abusive de la périphrase. Le mouvement précieux refuse, en effet, de s'abaisser à nommer des objets vulgaires, qu'on préfère désigner par des périphrases. Un balai devient *l'instrument de la propreté*; un morceau de pain, *le soutien de la vie*; une bougie, *le supplément du soleil.* Le même procédé, parfois cocasse, s'emploie pour les parties du corps humain. Les yeux s'appellent ainsi *les miroirs de l'âme*; les joues, *les trônes de la pudeur*; les narines, *les écluses du cerveau* et les dents, *l'ameublement de la bouche* ! Certaines de ces périphrases viennent même s'inscrire dans les lieux communs de la poésie : la lune, *le flambeau de la nuit*; la neige, *le blanc manteau* ou *le manteau d'hermine.* De nombreux autres procédés littéraires, la surprise, l'hyperbole, l'abstraction, rendent ainsi la littérature précieuse rien moins que naturelle.

Les précieux et l'amour

Pour les précieux du XVIIe siècle, le désir de bien paraître et la conviction d'être une personne de qualité contribuent au souci de se pencher sur l'étude des sentiments. Dans le cadre étroit de la bienséance, ceux-ci sont disséqués, une attention toute spéciale étant accordée à l'amour, qui agite si délicieusement l'âme. Les romans précieux attachent à ce sentiment une très grande valeur, d'un bout à l'autre du siècle, depuis *L'Astrée*[1], roman d'amours bucoliques d'Honoré d'Urfé, jusqu'à *La Princesse de Clèves* (1678) de Madame de La Fayette, premier roman moderne des lettres françaises. Dans *Clélie* (1660), Mlle de Scudéry dresse sa célèbre Carte du Tendre : une représentation imaginaire des divers sentiments affectifs, transposés dans un cadre idyllique (la ville d'Amitié Nouvelle, le fleuve d'Inclination, le village de Billets Doux, le lac d'Indifférence).

Le sujet privilégié étant l'amour, on rejette dans les débats la passion aveugle et on lui préfère les délicatesses d'intention. On tente à ce propos de cerner les causes et de déterminer les obstacles d'un amour sincère. La beauté

1 *L'Astrée* d'Honoré d'Urfé, en quatre parties publiées entre 1607 et 1627.

Madeleine Béjart, compagne de Molière,
dans le rôle de Magdelon, des *Précieuses ridicules*.

est-elle le ferment de l'amour ? Le mariage lui est-il fatal ? Quelle peine est la plus douloureuse : l'absence de l'être aimé ou son indifférence ?

Vers 1650, plusieurs salons s'engagent dans la préciosité ridicule. Il devient à la mode de prendre des airs compassés et de se pâmer à la lecture de poèmes d'amour. L'étude subtile des sentiments fait place à l'affectation. La dame de céans reçoit non plus au salon, mais dans sa chambre à coucher, plus précisément dans la *ruelle*, terme qui désigne l'espace entre le lit et les murs de la chambre, éclairé d'une lumière tamisée. Assise sur sa couche ou appuyée sur le baldaquin, la dame échange avec ses invités sur l'amour, dans le plus parfait esprit galant. Les paroles se murmurent. Les propos semblent aussi pompeux que contournés. Par ailleurs, on s'intéresse également à la science sans y rien comprendre. Bref, la préciosité traverse une phase extravagante, qui la discrédite auprès des classiques, représentés, entre autres, par Nicolas Boileau, théoricien littéraire et grand ami de Molière. Tous les salons ne suivent pas cette mode. Ils y résistent plus aisément quand la dame du logis, comme Célimène dans *Le Misanthrope*, jouit d'une grande beauté. Pour des yeux si doux, on délaissera des lieux plus réputés[1].

Tous les écrivains du XVIIe siècle subissent l'influence du style précieux et de sa conception fleurie de l'amour. Molière a beau se moquer des prétentions et des excès des précieux dans ses pièces (*Les Précieuses ridicules*, *Les Femmes savantes*, *Le Misanthrope*, etc.), des traces de cette esthétique apparaissent néanmoins au détour de nombreuses scènes. En fait, le génie de Molière émane d'une synthèse entre une écriture dramatique simple et naturelle, qu'il défend avec acharnement, et le style plus recherché de la préciosité, dont il use dès que ses personnages discourent sur l'amour. Par exemple, au dernier acte dans *Le Misanthrope*, lorsque les

1 Voir la répartie d'Acaste à Célimène (ACTE V, SCÈNE 4, v. 1695-1698).

Dame recevant dans sa ruelle
pour *Le Grand Cyrus* de Mlle de Scudéry.

GRAVURE DE FRANÇOIS CHAUVEAU (1613-1676).
Bibliothèque nationale de France.

personnages révèlent leurs sentiments amoureux, les métaphores précieuses se multiplient.

L'honnête homme

La société policée des salons, quand elle ne verse pas dans le ridicule, s'applique à cultiver l'idéal de l'honnête homme, c'est-à-dire un idéal de comportement, une façon de se tenir en société de manière à plaire, selon ce qu'exige la bienséance. Toute l'attitude se règle sur la mesure et la raison. L'élégance, à la fois extérieure et morale, constitue la qualité première. L'honnête homme est bien habillé sans trop de recherche, cultivé mais non pédant, galant sans devenir importun, distingué sans affectation et brave sans témérité. Recherchant la compagnie des femmes et des beaux esprits, il fait preuve d'ouverture en toute matière et travaille l'art de la conversation. Par tact et par pudeur, il n'étale jamais son moi et, lorsqu'il s'y voit contraint, il préfère parler de lui ou de son amour à la troisième personne. Sa pensée se bâtit sur le juste milieu, la pondération. Entre plusieurs opinions reçues, il prône toujours la plus modérée. Sans aucun doute, il n'est pas sot. Il a conscience que les hommes sont foncièrement malhonnêtes, que l'intérêt guide leurs actions, que l'amour est bien souvent un leurre, mais il entend vivre en société, dût-il faire entorse à des convictions profondes qu'il saura garder pour lui. Il accepte les imperfections de l'humanité et trouve un plus pur contentement dans le cercle intime de sa vie privée. Dans *Le Misanthrope*, Philinte symbolise à merveille cet honnête homme du XVIIe siècle, pilier des salons.

L'HONNESTE-HOMME
OV,
L'ART DE PLAIRE
A LA COVRT.
PAR LE SIEVR FARET.
A PARIS,
Chez Toussaincts du Bray, ruë sainct
Iacques, aux Epics meurs.
M. DC. XXX.
AVEC PRIVILEGE DV ROY.

Première de couverture, *L'Honneste-Homme*.

Molière.

Gravure par J.-Baptiste Nolin,
d'après un dessin de Pierre Mignard, 1685.

MOLIÈRE ET SON ŒUVRE

L'enfance et la jeunesse

Jean-Baptiste Poquelin naît à Paris, en janvier 1622, dans un milieu bourgeois aisé. Son père, tapissier du roi, croit que son fils lui succédera à cette charge. Pourtant, le jeune Jean-Baptiste s'intéresse plutôt au théâtre. Dès son plus jeune âge, il se divertit beaucoup de l'art comique de Tabarin, un saltimbanque qui joue sur les tréteaux en plein air du Pont-Neuf. Il assiste aussi, fort probablement, à des représentations théâtrales, auxquelles le conduit quelque membre de sa parenté. Après ses études[1], il prend un nom de scène, Molière, et fonde la troupe de l'Illustre-Théâtre, avec Madeleine Béjart. Il a vingt ans. Cette première expérience, difficile, lui cause bien des ennuis pécuniaires. Le père tapissier aide même, à plusieurs reprises, le fils comédien à éponger les déficits. En 1645, c'est la faillite. Incapable d'honorer ses créanciers, Molière fait quelques jours de prison. Déçu de l'expérience parisienne, il tentera sa chance en province. Pendant une douzaine d'années, la troupe de Molière, pour laquelle il écrit ses premières pièces[2], se produit aux quatre coins de la France.

La percée

En 1658, sa notoriété touche la cour. Sous la protection de Monsieur, frère unique du roi, il présente *Nicomède* de Corneille devant Louis XIV. La pièce déçoit, mais une farce de Molière jouée après la tragédie remporte un vif succès. L'année suivante, *Les Précieuses ridicules*, petite comédie présentée après *Cinna* de Corneille, reçoit un accueil triomphal. Désormais, le poète peut donner la pleine mesure de son art. Il échoue toutefois dans sa démarche d'écrire une

1 Il obtient sa licence en droit en 1642.

2 *L'Étourdi* (1655) et *Le Dépit amoureux* (1656).

pièce sérieuse. *Don Garcie de Navarre*[1], œuvre dans l'esprit du *Cid* de Corneille, est rapidement retirée de l'affiche.

La gloire

Molière révise ses positions. Il doit abandonner toute prétention sur le théâtre sérieux et persévérer dans la comédie, quitte à hausser au niveau de la tragédie ce genre un peu méprisé. Il débute avec des œuvres modestes qui accompagnent toujours les représentations de tragédies. En 1662, il offre enfin une première grande comédie en cinq actes, *L'École des femmes*. Il y attaque la morale traditionnelle, l'éducation insipide donnée aux jeunes femmes et conteste les mariages d'intérêt au détriment de ceux d'amour. Sa création soulève une querelle qui en assure le succès. Parallèlement, il propose à Louis XIV un tout nouveau genre de divertissement théâtral, la comédie-ballet, dont le premier avatar sera *Les Fâcheux* (1661). Nouveau triomphe. Louis XIV fait de la troupe de Molière la Troupe du Roi en 1665, et lui commande des comédies-ballets à intervalles réguliers. Molière les rédige à la hâte, accordant plus de soin à l'écriture de ses grandes comédies, qui soulèvent souvent l'indignation du parti dévot : *Tartuffe* (1664), interdite pendant cinq ans, *Dom Juan* (1665), censurée en partie, *Le Misanthrope* (1666), *Les Femmes savantes* (1672).

La mort

L'homme, surmené, tombe malade à plusieurs reprises. Le 17 février 1673, au dernier intermède de la quatrième représentation du *Malade imaginaire*, pris de convulsions qu'il dissimule sous un rire forcé, il vomit le sang et perd conscience. La représentation est arrêtée et le malade, transporté de l'autre côté de la rue, à son domicile. Il meurt peu après.

1 L'œuvre ne sera pas publiée du vivant de Molière, qui en réutilise certains vers dans *Le Misanthrope*.

Molière et Louis XIV.

Par I. Ingres, 1857.
Bibliothèque de la Comédie-Française, Paris.

L'œuvre et son public

L'œuvre de Molière compte une trentaine de pièces, composées presque toutes en vingt ans. La dramaturgie moliéresque explore le comique théâtral et surprend tant par la diversité de ses situations que par la richesse de ses personnages. Ceux-ci, des types pourtant éprouvés de la comédie, acquièrent chez Molière une caractérisation et une complexité qui les singularisent. Loin d'écrire toujours la même pièce, Molière se renouvelle grâce à un savant mélange des genres. *Le Misanthrope*, par exemple, à la fois une comédie de mœurs et une comédie de caractère, contient néanmoins une scène qui touche à la farce[1]. Cette volonté du dramaturge de fondre les styles répond à celle, plus prosaïque, du directeur de théâtre de plaire à tous les publics.

Les théâtres du XVIIe siècle mettent en présence des gens de classes différentes, regroupés au parterre, dans les loges et les galeries ou sur les banquettes. Au parterre, pour un demi-louis[2], le peuple et les petits-bourgeois obtiennent une place debout. Ce public bruyant ne manque jamais de manifester à grands cris son ennui comme sa joie. C'est pour lui que Molière glisse dans toutes ses grandes comédies des éléments de la farce, pour lui aussi qu'il ne cessera jamais d'écrire de courtes pièces du même ordre. Maintes fois, elles servent à rehausser un spectacle. Ainsi, à l'automne 1666, à la reprise du *Misanthrope*, une comédie jugée peu comique par le parterre des premières représentations, Molière joint la farce du *Médecin malgré lui* et fait bondir la recette.

Dans les loges et les galeries qui meublent les murs de la salle, les nantis de la noblesse et de la haute bourgeoisie paient jusqu'à dix fois le prix d'une place au parterre. Les femmes, somptueusement parées, se dissimulent d'ordinaire dans les loges. Cette société plus raffinée, voire précieuse,

1 ACTE IV, SCÈNE 4.

2 Environ quatre dollars canadiens. Coût des places en 1666.

Molière et sa troupe.

Dessin par G. Melingue.

apprécie d'une comédie l'humour fin, le développement ingénieux des situations et la vérité des caractères. Enfin, les banquettes de scène — de simples chaises de paille réservées aux hommes de haute naissance et disposées sur le plateau de la scène de chaque côté de l'aire de jeu, dont elles sont séparées par une balustrade — s'arrachent à gros prix ou sont octroyées par faveur[1]. Là se retrouvent les fins connaisseurs ou ceux qui prétendent l'être[2]. Si les spectateurs aux banquettes sont hostiles à une pièce, ils peuvent la faire chuter en quelques jours. Il s'agit de quitter avec ostentation son siège et la salle pendant le cours de la représentation. En somme, le génie de Molière réside dans sa capacité, hier comme aujourd'hui, à se concilier tous *ses* publics et à y faire l'unanimité.

1 Dans *Les Fâcheux* (SCÈNE 1, v. 15-40), Molière peint un gentilhomme des banquettes qui pousse l'outrecuidance jusqu'à planter sa chaise entre les acteurs et le public ! Selon la légende, l'apparition des banquettes remonte au succès du *Cid* (1636), pour lequel le *Théâtre du Marais* n'avait plus de places. Bien des contemporains de Molière n'aiment pas l'existence des banquettes, mais elles sont très lucratives pour les théâtres. Les banquettes ne disparaîtront qu'au siècle suivant.

2 Voir *Le Misanthrope*, ACTE III, SCÈNE 1, v. 791-796.

EPITAPHE

SUR

MONSIEVR

MOLIERE

CY gît un illustre bouffon
Qui n'a pû si bien contrefaire
Le malade imaginaire *
Qu'il a fait le mort tout de bon.

AVTRE EPITAPHE.

J'Attaque impunément, le plus haut Caractere,
Des Roys, & des Devots, des Marquis, du Vulgaire,
J'ay de tous les Etats découvert le Mystere
Joüant le Medecin, je me suis échoüé,
Je meurs sans Medecin, sans Prêtre sans Notaire,
J'ay joüé la Mort méme, & la mort m'a joüé.

AVTRE.

MOLIERE est mort, c'est grand dommage,
Il faisoit bien son personnage,
Il étoit merveilleux, à joüer un Cocu:
En luy seul à la Comedie,
Tout à la fois, nous avons vû,
L'original, & la copie.

AVTRE.

IL est passé ce Moliere,
Du Theatre dans la biere,
Ce pauvre homme a fait faux bon
Et ce tant renommé bouffon,
N'a jamais sçeu si bien faire
Le malade imaginaire,
Qu'il fait le mort tout de bon.

AVTRE.

MOLIERE est dans la fosse noire,
On dit qu'il est mort tout de bon:
Pour moy, je n'en sçaurois rien croire,
L'acte est trop serieux, pour étre d'un bouffon.

AVTRE.

PAssant arréte un peu, cy gît un medisant
Comique ingenieux, satyrique à l'extreme
Pendant qu'il à vécu: mais helas: en mourant,
Il n'a peu le maudit, mal parler de soy-méme. *

La mort de Molière suscite plusieurs réactions qui prennent la forme d'épitaphes, à la mode au XVIIe siècle.

Oronte
L'espoir, il est vrai, nous soulage…
(Acte I, scène 2, vers 315.)

Gravure d'Horace Vernet et Prévost
pour *Le Misanthrope*, XVIIIe siècle.

L'ŒUVRE EXPLIQUÉE

LA GENÈSE ET LA RÉCEPTION DE L'ŒUVRE

En 1664, à l'aube de la quarantaine et malgré une surcharge de travail qui mine peu à peu sa santé, Molière s'intéresse à de nouvelles voies théâtrales. Il veut d'une comédie qui toucherait aux limites du comique à la scène, une sorte de comédie sérieuse qui pourrait égaler les valeurs littéraire et dramatique d'une tragédie. *Le Misanthrope* sera l'aboutissement de cette ambition. Dans cette œuvre, le rire n'est plus généré par des effets grossiers, des situations cocasses et des personnages lourdement typés. Le raffinement comique y règne. Selon son habituelle technique d'écriture, Molière met en scène un protagoniste affublé d'un défaut, mais tout son talent s'astreint ici à le nuancer plus qu'à l'ordinaire. Dès le départ, le projet du *Misanthrope* se place sous le signe de la difficulté, hors des sentiers battus, tant par le choix du sujet que par l'élaboration de chaque détail de l'intrigue.

Les sources

Pour ses comédies, Molière emprunte souvent ses sujets à d'autres auteurs ou utilise des canevas. Dans le cas de *Dom Juan*, par exemple, il puise les personnages et une part du récit dans *L'Abuseur de Séville* de l'Espagnol Tirso de Molina. En ce qui a trait au *Tartuffe*, dont le sujet s'avère nouveau (la religion et l'hypocrisie des faux dévots), il renoue avec la *commedia dell'arte* dans la scène clé où Orgon, caché sous la table par sa femme, est témoin de l'hypocrisie du Tartuffe et des privautés qu'il se permet avec Elmire. Rien de tout cela dans *Le Misanthrope*. L'invention et l'originalité sous-tendent l'acte de création.

Dans l'histoire de la littérature, Ménandre (v. 342-v. 290 av. J.-C.) dans *Le Misanthrope* et Térence (190-159 av. J.-C.)

dans *Le Bourreau de soi-même*[1] ont choisi comme protagonistes des misanthropes. Toutefois, ceux-ci, de vieux barbons grippe-sous, sont plus près de l'Harpagon de *L'Avare* que de l'Alceste du *Misanthrope*. Quant à Timon d'Athènes (Ve siècle av. J.-C.), le plus illustre misanthrope de l'Antiquité et le héros du *Timon le Misanthrope*, un dialogue du poète Lucien (v. 125-v. 192) qui inspira à William Shakespeare la tragédie *Timon d'Athènes* (1607), il ne peut être considéré comme une source valable. Toutes les œuvres ci-dessus associent donc le thème de la misanthropie à celui de l'argent. Or, dans *Le Misanthrope* de Molière, Alceste ne s'attarde jamais aux intérêts pécuniaires ; il s'en prend plutôt à l'hypocrisie des attitudes et des sentiments. Il s'agit là de préoccupations propres aux personnages de la littérature précieuse du XVIIe siècle. Dans les romans[2] de Madeleine de Scudéry (1607-1701), les protagonistes regardent de près aux usages en société. Ils réfléchissent à l'utilité de la complaisance et aux périls du mensonge qui, une fois découvert, rompt l'harmonie des sentiments et blesse tout cœur sincère. Apparemment, l'intrigue du *Misanthrope* est elle aussi vouée à l'étude de la sincérité dans les relations civiles, amicales et amoureuses. Cependant, les récits alambiqués des romans précieux demeurent fort éloignés de l'action ramassée et tendue du *Misanthrope*. En bref, si Molière emprunte un thème à la littérature précieuse, il n'y trouve pas son intrigue, préférant l'inventer de toutes pièces.

La gestation

Molière consacre plus de deux ans à l'écriture du *Misanthrope*. Pour un auteur dont certains textes ont été rédigés en l'espace de quelques semaines, une gestation aussi longue a de quoi surprendre. Elle s'explique en raison des hautes

1 Publié souvent sous son nom latin : *L'Héautontimorouménos*.

2 *Le Grand Cyrus* (dix vol., 1649-1653), *Clélie* (dix vol., 1654-1660).

exigences esthétiques qu'il s'impose : la pièce est en vers, le sujet traité, pratiquement nouveau, et sa trame dramatique ne repose sur aucun modèle.

En 1664, malgré les difficultés financières, envenimées par les disputes que déclenchent les représentations, puis l'interdiction du *Tartuffe*, alors que la troupe éprouve un urgent besoin d'une pièce de remplacement, Molière préfère en concevoir une toute nouvelle — *Dom Juan* — au lieu de brusquer l'écriture du *Misanthrope*. Le dramaturge prend son temps et peaufine les détails. Une fois son premier acte achevé, il en fait lecture devant un cercle de gens cultivés, au nombre desquels figure Nicolas Boileau. Ce public apprécie tout de suite le caractère neuf du *Misanthrope*. Il est vrai que, au XVIIe siècle, l'originalité ne constitue pas un critère aussi crucial qu'aujourd'hui pour estimer une œuvre. À cette époque, un auteur a le loisir de s'inspirer d'une œuvre existante, de l'imiter, voire de la plagier. La critique ne lui en fera grief que si la copie ne dépasse pas l'original. N'empêche que le XVIIe siècle sait reconnaître une œuvre originale, et la comédie du *Misanthrope*, où les situations n'ont rien de grotesque et dont les personnages, d'une grande vérité, semblent tout droit sortis d'un salon à la mode, soulève l'enthousiasme.

Dans *Le Misanthrope*, Molière met en scène la réalité contemporaine. Depuis *Les Précieuses ridicules*, le dramaturge a conscience qu'une critique de la société mêlée à l'action dramatique stimule le succès d'une pièce. Plus le propos dérive d'une argumentation sur les mœurs du temps, plus le public, tout en riant des situations de l'intrigue, réfléchit à la critique sous-jacente. Dans *L'École des femmes* et dans *Tartuffe*, la réflexion s'articule respectivement autour de l'éducation donnée aux jeunes filles et de l'hypocrisie en matière de religion ; des sujets si brûlants que ces œuvres remportent rapidement un succès de scandale. Pour *Le Misanthrope*, Molière n'exploite plus ce procédé. Certains commentateurs croient que les luttes contre ses ennemis l'ont épuisé et que l'auteur veut éviter de se retrouver à nouveau sous le feu nourri des attaques. Il paraît plus probant que Molière cherche simplement à ne pas reprendre une recette déjà éprouvée. *Le Misanthrope* incorpore bel et bien une critique, mais celle-ci ne concerne pas un sujet relevant d'une institution (l'éducation, la religion), mais plutôt d'une attitude commune à tous les hommes, celle de l'hypocrisie.

Un médiocre succès

À la fin de 1665, Molière profite d'un repos forcé, imposé par les médecins, pour soigner une fluxion de poitrine et pour terminer *Le Misanthrope*. La pièce est fin prête au début de janvier. Subitement, Anne d'Autriche, la reine mère, meurt. La cour est plongée dans le deuil. Les théâtres sont fermés par décret du roi. Molière ne pourra présenter *Le Misanthrope* que le 4 juin 1666.

Le succès n'est pas au rendez-vous. Le public du parterre ne comprend pas le ton grave de la comédie. Habitué aux intrigues pleines de rebondissements et aux propos scandaleux, il est désarçonné par un récit dramatique aux situations plus tendues que franchement drôles. Le cadre de l'action ressemble trop aussi aux salons de la noblesse qu'il connaît peu ou mal. Il demeure légèrement intimidé même d'avoir à rire de la caste souveraine des nobles, les précédentes pièces ayant mis en scène le plus souvent des bourgeois, des valets et des gens du peuple plus susceptibles de se révéler ridicules.

De plus, le parterre est frustré. Il ne retrouve pas l'acteur Molière, tel qu'il l'a toujours connu : il n'a plus ses longues moustaches noires et sa démarche comique, les pieds écartés, qui l'ont rendu célèbre. En effet, à la scène, Molière est un acteur renommé qui joue toujours les rôles comiques : tantôt il s'agit du protagoniste, comme Arnolphe dans

Frontispice pour *L'École des femmes.*

Tiré des *Œuvres complètes de Monsieur de Molière*, édition de 1682.
Gravure de J. Sauvé, d'après P. Brissart.

L'École des femmes, tantôt d'un rôle secondaire, comme Sganarelle, le valet pleutre et geignard du *Dom Juan*. Il paraît clair que le retrait des moustaches et l'absence de la démarche du comédien traduisent la volonté du dramaturge d'interpréter Alceste de façon nuancée et moins caricaturale que dans ses précédentes incarnations.

Aux premières représentations du *Misanthrope*, la faveur du public vient des loges, des galeries et des banquettes, où cette fine comédie plaît beaucoup. D'aucuns restent pourtant sceptiques[1] : assiste-t-on là à une comédie ? À tout le moins, on y sourit plus qu'on n'y rit, car le comique du *Misanthrope* ne manque pas d'ambiguïté.

Un comique de l'ambiguïté

Dans ses grandes comédies, Molière s'écarte du modèle de la farce et assure un approfondissement appréciable des caractères. Le protagoniste ne se comporte plus en simple imbécile, en benêt, dont le public se gausse. Il gagne une réelle humanité. Dans *L'École des femmes*, Arnolphe, le tuteur de l'innocente Agnès, ourdit un plan pour la forcer à l'épouser. Ce vieux tyran, si comique quand il prétend susciter l'amour d'une jeune fille, laisse affleurer son drame d'homme esseulé quand la douce Agnès lui échappe. Dans *Tartuffe*, le dévot hypocrite acquiert une stature vraiment diabolique et, sans une fin artificielle où il est mis sous les verrous, le spectateur n'aurait plus de quoi rire. Et que dire du libertin et mauvais fils que symbolise Don Juan ? Il ne remplit même plus la fonction de faire rire ; c'est son valet, Sganarelle, qui en assume le rôle. En somme, ces protagonistes ne représentent pas des bouffons. Toutefois, ils ont un point en commun : aucun d'eux ne suscite l'admiration. S'ils ne sont pas toujours parfaitement ridicules, ils restent moralement condamnables. Arnolphe, Tartuffe et Don Juan

1 Voir les *Jugements sur l'œuvre*, page 181.

deviennent même odieux lorsqu'ils usent de leur ascendant pour faire plier leur entourage à leurs désirs, et le spectateur à bon droit se réjouit quand, à la fin de la pièce, ils sont confondus et défaits.

Alceste se singularise. Dès les premières représentations, les critiques ne s'entendent pas sur la manière de concevoir la valeur comique du personnage : Alceste fait-il rire ? Et, si oui, doit-on rire de ses idées, de ses contradictions ou de son comportement ? Alceste, ni calculateur, ni fourbe, ni dépravé, se distingue justement par sa droiture morale. Son tort consiste à ne pas accepter les gens tels qu'ils sont ; son ridicule, à les rejeter en bloc. Prenant la mouche à la moindre incartade morale, il ne peut s'empêcher de jeter au visage des autres les réels sentiments qu'il nourrit à leur égard. De son tempérament fougueux découle donc l'individu asocial.

Malgré un portrait bien net, le personnage d'Alceste, une fois créé, échappe à son auteur et engendre un grand nombre d'interprétations divergentes. Selon que le critique prône ou non la vie en société, avec son lot d'ignominies et de faussetés, le ridicule d'Alceste s'amplifie ou s'amenuise. Par exemple, Jean-Jacques Rousseau (1712-1778), l'auteur du *Contrat social* et de *La Nouvelle Héloïse* et célèbre misanthrope[1], juge le comportement d'Alceste excellent et dispute Molière de l'avoir ridiculisé[2]. Au XIXe siècle, le romantisme, avec ses idéaux individualistes et sa méfiance envers toute organisation sociale, va plus loin. Alceste fournit l'exemple idéal d'un cœur pur opposé à une société corrompue qui ne le vaut pas[3], et la vie qu'il propose à Célimène, loin du monde et de la cour, offre un écho parfait aux amours romantiques retirées au creux des vallons ou dans le secret des bois.

1 On lira pour s'en persuader ses *Rêveries du promeneur solitaire* (1782).

2 Voir son propos dans les *Jugements sur l'œuvre*, page 183.

3 Voir le poème de Musset dans les *Jugements sur l'œuvre*, page 184.

L'idée générale

Le Misanthrope se définit comme une comédie de caractère et de mœurs. L'action, fort ténue, se résume à une suite de rencontres et de confrontations dans le cadre d'un salon du XVIIe siècle. Les personnages, à travers leurs conversations, illustrent à l'envi l'idée générale que résume Philinte, dès l'exposition, aux vers 145 à 166. Voilà la position de *l'honnête homme* qui recherche un juste milieu dans l'attitude morale à soutenir en société. Tout en se prêtant à la politesse de bon ton, il faut se garder de glisser, et dans la basse flatterie et la médisance, et dans l'intransigeance morale et la rigueur affectée.

LES PERSONNAGES

À partir de cette idée générale, les personnages du *Misanthrope* se répartissent en trois groupes. Philinte et Éliante occupent la position du juste milieu entre les *extrémités* (v. 151) que sont, d'une part, celle des vertueux à outrance, Alceste et Arsinoé, et, d'autre part, celle des hypocrites, Célimène, Oronte, Acaste et Clitandre. Cette schématisation peut donner à penser que *Le Misanthrope* constitue une œuvre manichéenne. Il n'en est rien. Les nuances apportées à chaque personnage permettent d'aller bien au-delà d'une division simpliste entre bons et méchants.

Alceste

Quel âge peut avoir ce gentilhomme ? Molière, qui l'interprète à la scène, a quarante-deux ans. Puisque l'homme de théâtre en lui se préoccupe de l'adéquation entre le physique d'un acteur et celui du personnage, il paraît alors acceptable d'en déduire qu'Alceste se situe au tournant de la quarantaine. Sa fortune est considérable. À la fin de la pièce, il se retire dans son « désert », probablement le château de son domaine seigneurial. Son costume gris et or, rehaussé de rubans verts, porté par l'acteur Molière en 1666, indique un homme de goût, soucieux de sa mise. Alceste connaît les usages et s'y plie de bonne grâce quand ils ne menacent pas la sincérité. S'il fréquente la cour de France en tant que noble, il ne possède pas les entrées privilégiées que pourrait lui faciliter une Arsinoé (à partir du vers 1049). Malgré tout, son mérite est reconnu. S'il le désire, il peut obtenir de hautes fonctions nobiliaires, mais il s'y refuse. Alceste incarne avec élégance les vertus de la noblesse : sens de l'honneur, fierté, générosité, grandes qualités de cœur et d'esprit. C'est une âme d'élite.

Malheureusement, Alceste souffre d'un mal qui altère son caractère. Des quatre humeurs qui, d'après la médecine du XVIIe siècle, composent son organisme, la bile noire, sécrétée en trop grande quantité, lui donne l'attitude sombre et mélancolique du misanthrope. En d'autres mots, de celui qui, selon les deux racines grecques qui forment le mot, entretient une haine (*misein*) envers les hommes, l'espèce humaine (*anthrôpos*). Certes, il n'est pas atteint à un degré qui conduirait à l'enfermement, quoiqu'il s'en approche. Parfois, il se rend littéralement ridicule.

Alceste réagit négativement aux contrariétés obligées de la vie en société. Il s'emporte, cherche querelle et se dispute à tout propos. Lors de ces affrontements, quelqu'un le blesse-t-il, qu'il se replie sur lui-même et se retire dans un coin pour broyer du noir. Ces vives sautes d'humeur renforcent le comique du personnage. Bien qu'Alceste ait raison au plan moral, le ton qu'il emploie et ses rapides changements d'humeur font rire. Des contemporains rapportent que, sur scène, Molière débitait les extravagances d'Alceste avec sécheresse, les bras croisés haut sur la poitrine, et qu'à d'autres moments, il adoptait une posture boudeuse de petit garçon. Pourtant, le spectateur estime le personnage et sa conception héroïque du devoir. Quand Alceste se fâche, surtout contre ses proches, c'est non par malveillance, mais parce qu'il exige de ceux qu'il aime une parfaite conformité à l'idéal d'honnêteté qu'il s'impose à lui-même. *Le Misanthrope* s'ouvre sur une querelle à ce sujet. Alceste tance vertement un Philinte qu'il a pris en flagrant délit de complaisance. Lui ne devient jamais complaisant. En présence des fâcheux, il préfère se taire. Les assiduités d'Arsinoé le laissent de glace. Il ne faiblit que devant Célimène, et encore il ne se gêne pas pour la quereller. Nulle conscience ne s'avère plus honnête que la sienne, ce qui contribue à rendre le personnage sympathique, malgré son côté revêche. Ici, la comédie touche à la tragédie. Le spectateur ne peut se réjouir de voir ce grand enfant trop sincère perdre son amour, s'exiler du monde, le cœur brisé et l'âme mortifiée. Le drame d'Alceste ne porte pas à rire.

Tout ce qu'Alceste recherche ? L'honnêteté de la pensée et du cœur. Mais il a bien conscience que la sincérité peut être dévastatrice. Pourtant, par droiture morale, il en use sans retenue. Advienne que pourra. À n'en pas douter, téméraire, il se révèle parfois masochiste à vouloir tant précipiter les événements et à courir au-devant des coups. Il souhaite, dirait-on, que les pires catastrophes s'abattent sur lui. La détresse qui en résulterait justifierait à ses yeux l'infamie du monde. Son attitude devant le procès que lui a intenté un franc scélérat (v. 124) corrobore l'existence de ce trait de caractère non étranger à l'orgueil.

Molière se garde de faire d'Alceste un pur. Rien ne s'éloigne plus des grandes comédies molièresques que les personnages taillés tout d'un bloc, et Alceste faillit souvent à la tâche d'être conséquent avec lui-même. En toutes occasions, il recherche la sincérité, mais trouve parfois difficile de la déployer. Après avoir enjoint son ami Philinte de toujours dire la vérité aux gens, il louvoie, veut se défiler pour éviter de commenter le sonnet d'Oronte. Celui-ci insiste. Grand malheur pour lui ! Alceste éclate alors en imprécations contre le poème et son auteur (ACTE I, SCÈNE 2).

L'amour n'arrange pas les choses. Comme se plaît à le souligner Philinte, pourquoi un homme épris d'honnêteté et de beaux sentiments aime-t-il la femme la plus coquette, la plus fausse et la plus adonnée aux mœurs corrompues de son temps ? Le cœur a ses raisons que la raison ne connaît guère… Alceste a bien conscience du conflit entre son cœur et son esprit. Il en souffre cruellement. Quand le rideau se lève, il attend le retour de Célimène afin de percer l'abcès. Il veut savoir une fois pour toutes la vraie nature des sentiments de la femme qu'il aime. Dès l'acte premier, le protagoniste est donc en état de crise, et la tension psychologique qu'il subit ne cesse d'augmenter au fil des actes.

Idéaliste, Alceste voudrait la société parfaite et il se fâche qu'elle ne le soit pas. S'il hait les hommes ou, plus précisément, s'il déteste les rapports humains, c'est parce qu'ils sont entachés par le mensonge et les faux-semblants. Mais n'est-ce pas là une évidence avec laquelle il faut avoir appris à vivre ? Faut-il toujours en appeler à la vérité ? Et si la vérité engendre des inimitiés, des duels et des procès, l'imposer n'est-ce pas un remède plus terrible que le mal ? Alceste n'a pas le sens des réalités. Il ignore comment s'adapter à un monde qui ne saurait changer uniquement pour lui. Dès lors, son destin est scellé ; la solitude forcée l'attend. En outre, le personnage contrevient par son attitude aux obligations de la classe sociale à laquelle il appartient, la noblesse, une caste où l'harmonie doit régner pour le bien du royaume. Ses membres doivent prouver qu'ils savent vivre avec aisance dans la société de cour. Si les salons du XVIIe siècle ont élevé la complaisance au plan des nécessités, est-ce un si grand malheur dans une organisation sociale qui repose sur l'étiquette, l'apparat et le protocole ? Certes, les liens demeurent superficiels, mais dans la vie privée et intime, l'individu avisé cherchera des rapports plus sincères.

Célimène

Célimène, veuve depuis peu, a vingt ans. Sa situation n'a rien d'exceptionnel. Dans une société où les mariages d'intérêt entre de toutes jeunes filles à peine pubères et des hommes de plus de cinquante ans se concluent de façon courante, il n'est pas rare qu'une femme jeune, belle et riche devienne veuve avant d'atteindre la trentaine. Quel plaisir de pouvoir faire tout ce dont on a envie ! Pourquoi Célimène se casserait-elle la tête avec la morale ou avec l'amour alors qu'elle peut recevoir dans son salon de nombreux soupirants et envoyer à tout moment un billet cacheté à l'un ou à l'autre ? La vie comporte plein d'agréments, et Célimène tient cette chance rare, dans un siècle souvent sévère à l'endroit des femmes, de jouir d'une appréciable liberté. Elle en profite sans remords.

Célimène est une coquette. Fort belle, elle aime qu'on la remarque. En présence des hommes, elle aspire à plaire. Elle récolte un succès éclatant : les galants se pressant chez elle en portent témoignage. Elle ne s'en trouve que plus heureuse, surtout que cette foule d'admirateurs se laisse mener par le bout du nez et vacille comme une flamme au moindre souffle de ses caprices. Se montre-t-elle superficielle ? Sans doute. Elle ne fixe pas son choix entre ses soupirants, non par manque de volonté, mais par goût des hommages. Elle fait partie de celles dont les paroles les plus banales, les attentions les plus convenues s'accompagnent, dirait-on, d'une double intention qui crée chez le soupirant des espérances qui le désespèrent, pour paraphraser le sonnet d'Oronte (v. 379-384). Jusqu'où vont ses faveurs ? Molière évite soigneusement toute allusion à caractère sexuel qui aurait le tort d'ôter au personnage le charme mystérieux qui l'enveloppe. Toutefois, les propos d'Arsinoé (v. 1011-1024) et ceux d'Acaste (v. 807-822) renferment des sous-entendus en cette matière…

Dame de qualité recevant une visite lors de sa toilette.

Gravure de N. Arnoult.

Calculatrice, Célimène entretient avec une souveraine aisance un réseau compliqué de billets doux et de tendres missives. Des mots qu'elle juge bon d'écrire chaque fois qu'au salon quelque fâcheux l'ennuie (v. 1037). Ces lettres lui procurent un sûr moyen de conserver son emprise sur les cœurs au-delà des limites physiques de son salon. Dans ces conditions, Alceste a tout à fait raison de douter de son amour. Sa passion l'aveugle un peu trop pour s'apercevoir que, manifestement, on se joue de lui. Confusément, il devine à quoi s'en tenir, mais l'amoureux transi lui interdit de se l'avouer. Il lui reste donc le ressort de découvrir une preuve accablante de la traîtrise de Célimène. Or, cette femme très vive d'esprit sait se tirer habilement d'un faux pas (ACTE IV, SCÈNE 3). Son sang-froid, son aplomb à débiter des mensonges avec calme et assurance confirment, si besoin est, toute sa sécheresse de cœur. Car Célimène est trop fine pour ne pas saisir le tort qu'elle fait. Loin d'en être affectée, elle savoure ce délice avec volupté.

D'une suprême distinction aristocratique, Célimène représente la fleur de la politesse mondaine à une époque où elle atteint une perfection rare. L'insouciance et la futilité de son caractère s'expliquent en partie par son manque de maturité, qui ne masque pas l'inquiétante dépravation de sa sensibilité. C'est un être méfiant, égoïste et pressé de se distinguer ; aussi sympathise-t-elle peu avec les femmes. Elle voit en chacune une possible rivale et cherche à imposer en tout sa supériorité. Le persiflage envers Arsinoé (ACTE III, SCÈNE 4), l'appel à l'aide ambigu qu'elle lance à sa cousine Éliante (v. 1653) peuvent difficilement être interprétés dans un autre sens.

La vie de Célimène, jalonnée de conversations, de visites et de relations superficielles, ne va pas sans danger. La victoire personnelle n'y est pas garantie, et de pénibles moments peuvent survenir. Alors n'importe quel subterfuge échoue : les masques tombent et l'étendue de l'hypocrisie de

Célimène se dévoile (ACTE V, SCÈNE 4). Pendant un instant, la belle chancelle et tente de s'accrocher au seul homme resté auprès d'elle, cet Alceste qui, au demeurant, l'ennuie. C'est pourquoi, lorsqu'il lui propose de vivre un amour étroit, hors du monde, dans la solitude d'un lointain domaine de la campagne française, elle lui claque la porte au nez. Comment, à vingt ans, ne plus vivre dans le monde ? Célimène ne s'en cache pas : la vie de cour convient très bien à son tempérament fuyant et instable. Elle ne s'accommodera pas d'un mariage qui exige d'elle le sacrifice de renoncer aux plaisirs de société. Que vaut un amour sincère, sans gloire ? La coquette préfère encaisser le coup et souffrir une brève éclipse. Et puis, il ne faut pas désespérer de jours meilleurs qui amèneront sans nul doute de nouveaux triomphes.

Philinte

Raisonnable, mesuré en tout, Philinte incarne *l'honnête homme* par excellence. Personnage du même âge qu'Alceste et de condition équivalente, son rôle est celui de confident du protagoniste; son caractère, l'exact opposé de la misanthropie. Les scènes entre les deux hommes mettent en lumière le détail des états d'âme d'Alceste et de ses idées saugrenues. Philinte, qui semble familier avec le caractère impulsif du misanthrope, ne s'en émeut guère. Du moins, il n'en prend point ombrage et demeure toujours un ami sincère, patient et dévoué. Son indéfectible amitié va même jusqu'à l'abnégation. Bien qu'il aime Éliante de tout son cœur, il accepte qu'Alceste la lui ravisse, puisque la jeune fille a déjà montré un penchant pour le misanthrope. Mieux, Philinte conseille à son ami de fuir l'hypocrite Célimène et de sceller au plus tôt un mariage avec Éliante. Quand Philinte comprend que celle-ci est prête à recevoir d'autres hommages, il se permet de lui déclarer ses sentiments qu'elle ne soupçonnait pas, preuve de la discrétion de cet *honnête homme*. Cette scène de la demande en mariage expose une autre facette de Philinte : on découvre une force dans la passion, qu'un individu si souvent calme n'avait pas laissé deviner. Toute la beauté de sa passion réside dans cette réserve, cette tendresse, cette sincérité qui éclatent soudainement au pied d'Éliante.

Philinte ne se révèle pas héroïque d'occasion, il ne cesse de l'être. Sa victoire constante sur un égoïsme si répandu dans la classe à laquelle il appartient surprend agréablement. Elle ne dénote pas une faiblesse de caractère. Philinte démontre beaucoup d'intelligence. À voir son ami révolté, il ne se dérobe pas pour lui expliquer posément les raisons de l'incompatibilité d'une conduite trop rigoureuse dans la vie en société. Lucide, il cerne les hommes et leur propension aux vices (v. 173-178). Il déplore cet état des choses, mais ne s'en froisse point. Il voit la vie du bon côté. Bien sûr, il ne s'agit pas de céder à des penchants condamnables, de s'adonner à l'hypocrisie, à la médisance et à la calomnie. Mais Philinte a saisi depuis longtemps, et sans scepticisme désabusé, qu'on ne doit pas se formaliser du mauvais comportement des gens. Il est philosophe. À la différence d'Alceste, il comprend l'inutilité de toute révolte contre un mal foncièrement humain. Il sait le ridicule d'un profond désespoir devant ce qui ne peut se modifier du jour au lendemain. C'est pourquoi il conserve son calme dans chaque circonstance.

La sagesse de Philinte, capable de sacrifice et d'amour, gagne immédiatement la faveur du public. Molière ne l'a pas voulu autrement. Il fait de Philinte son porte-parole et le propose en exemple. Pour preuve, à la fin de la pièce, il le récompense en faisant annoncer son mariage avec la jeune Éliante. Or, à l'époque de Molière, par convention, toute comédie doit se conclure par le mariage des *bons* personnages.

Éliante

Cousine de Célimène, Éliante assume deux fonctions dans la pièce. D'abord, son penchant avoué pour Alceste permet de mettre en relief les qualités réelles de l'homme. L'intelligence, la grâce et la modestie de la jeune fille se conjuguent pour anoblir son choix : Alceste vaut la peine d'être aimé. Ainsi, le rejet d'un gentilhomme, jugé ailleurs si valeureux, en dit long sur la nature superficielle de la coquette Célimène. Ensuite, Éliante apparaît comme l'*alter ego* féminin du sage Philinte, dont elle reprend les idées, les valeurs et l'attitude *honnête*. Elle ne s'offusque pas de voir Alceste lui préférer Célimène, mais lorsqu'elle noue ses vœux à ceux de Philinte, elle sait tourner une excuse en usant d'une politesse exquise (v. 1795-1799). Elle déborde d'assurance devant Célimène et répond avec beaucoup d'autorité à sa question sur la sincérité (v. 1660). Enfin, le public l'identifie à l'unique caractère louable parmi les femmes de la pièce et il applaudit l'annonce de son mariage avec le sage Philinte.

Arsinoé

Femme vieillissante, probablement un peu plus âgée qu'Alceste, Arsinoé est un caractère antipathique. On la suppose autrefois coquette, mais les années lui ayant ravi toute prétention au succès, elle se rabat sur une intransigeante vertu religieuse. Elle tente de l'imposer à tout le monde, et particulièrement à ses rivales, nombreuses, dont en tête Célimène qui, pour Arsinoé, possède le net désavantage de plaire à Alceste, un homme sur lequel elle a des vues. Là réside le côté pitoyable d'un personnage dont le jeu est mis à découvert dès son entrée sur scène. On sent bien son désir, qu'elle veut d'un homme, qu'elle est prête à n'importe quoi pour conquérir un amour toujours refusé. Même lorsqu'elle triomphe de Célimène, sa victoire ne dure guère, car elle essuie les rebuffades d'Alceste, qui l'a percée à jour depuis longtemps. Les deux personnages partagent, en apparence du moins, le même idéal d'honnêteté et les mêmes exigences morales. Pourtant, une différence fondamentale les distingue : tandis qu'Alceste reste sincère dans sa quête d'absolu, Arsinoé n'est qu'une jalouse, une envieuse qui exploite les armes de la vertu et de la religion pour mieux répandre son fiel.

Bien que figurant dans les personnages secondaires, Arsinoé influence de manière essentielle le déroulement du *Misanthrope*. Elle permet de dénoncer la fausse pruderie, au même titre que Célimène permet de dénoncer l'hypocrisie avouée. Molière peut ainsi mieux indiquer la voie du juste milieu. De plus, dans le récit dramatique, Arsinoé résout l'ensemble des intrigues amoureuses grâce à la dénonciation générale des infidélités de Célimène lors du dernier acte (SCÈNE 4). Au centre de l'œuvre, la scène entre les deux femmes (ACTE III, SCÈNE 4) jouit donc d'une importance capitale. En visite chez la fraîche Célimène, Arsinoé lui fait la leçon, mais l'intimée se défend. Sa réplique, par la justesse de son expression, humilie si bien la prude que cette cuisante défaite justifie la puissance de sa vengeance ultérieure.

Arsinoé provoque une double réaction de la part du public. Bien sûr, on rit des prétentions et de l'hypocrisie manifeste que cache mal la mince vertu de cette ancienne coquette. Néanmoins, on ressent un certain malaise devant une femme que la solitude a rendue si méchante. N'est-elle pas aussi une préfiguration du destin de Célimène ?

Les soupirants Oronte, Acaste et Clitandre

Voici trois personnages qui occupent à tour de rôle et très brièvement le devant de la scène. Ils sont la manifestation visible du succès que remporte Célimène auprès des gentilshommes de la cour. Et chacun de se disputer les faveurs de cette belle dame, de s'imaginer secrètement dans ses bonnes grâces jusqu'à ce que la vengeance d'Arsinoé remette les pendules à l'heure et brise net tous les rêves de gloire. Sans complexité psychologique élaborée, ils sont destinés à faire rire de leur fatuité.

Oronte, le poète ridicule, un fat de l'esprit, se croit un génie. Toutes ses formules de modestie ne sont prononcées qu'en vue d'inciter aux éloges. À propos de son sonnet, il convient de préciser ceci : Oronte lit un poème inspiré d'une œuvre du poète précieux Vincent Voiture (1597-1648) que plusieurs spectateurs contemporains de Molière jugent très valable. C'est dire combien la scène du sonnet — une des plus célèbres du *Misanthrope* — souleva l'indignation d'une partie du public lettré. Molière attaque, en effet, l'esthétisme en déclin de la préciosité. Il lui oppose les qualités d'équilibre et de mesure du classicisme auxquelles, en tant que dramaturge, il souscrit dans la simplicité de ses propres vers dramatiques[1].

Les deux petits marquis, Acaste et Clitandre, illustrent sur scène la vacuité et l'imbécillité du siècle. En règle générale, leurs préoccupations se bornent à l'apparence vestimentaire, aux succès galants et aux honneurs qu'ils peuvent glaner à la cour. Leur faible hauteur de vues et leur suffisance, puis au dernier acte, leur attitude discourtoise à l'endroit de Célimène confirment leur personnalité d'enfant gâté (v. 1691-1698). Molière dénonce par eux la dépravation dans laquelle s'enfoncent les jeunes oisifs du XVIIe siècle. Acaste et Clitandre perdent à être trop lourdement caricaturés (un travers commun à bien des mises en scène modernes). Il ne faut pas oublier la vraisemblance de l'évocation du cadre élégant des salons.

1 Molière ne cautionne pas le choix de la vieille chanson médiévale récitée par Alceste (ACTE I, SCÈNE 2). C'est à peine si, par la netteté de son dessin, l'œuvre populaire vaut plus que la précieuse.

Les valets Basque et Du Bois et le garde de la maréchaussée

Dans le cercle étroit de la noblesse mis en scène dans *Le Misanthrope*, les valets eux-mêmes s'effacent, Basque et Du Bois étant presque des figurants. Cela étonne chez Molière, pour qui les valets détiennent souvent un rôle de premier plan. Ils sont utiles quand, par leur ingéniosité et leur finesse d'esprit, ils permettent à de jeunes gens de s'opposer avec succès à de cruels protagonistes. Dans *Le Misanthrope*, où le protagoniste n'a pas à se battre contre l'autorité paternelle, mais contre sa propre personnalité, les valets deviennent accessoires. Quant au garde de la maréchaussée, il apporte un effet de réalité à l'institution qu'il sert.

L'ACTION

Le Misanthrope répond à la règle d'unité d'action du classicisme français. Molière, qui vise à égaler la tragédie, en reprend les canons esthétiques. En conséquence, rien dans le déroulement du *Misanthrope* n'est anecdotique. L'exposition (correspondant à l'acte premier) donne l'idée générale et précise l'intrigue principale.

L'intrigue principale se révèle au spectateur lors du *nœud* aux vers 225 à 242. Alceste explique son amour insensé pour Célimène, qu'il sait coquette. Aussi exige-t-il un entretien pour obtenir des réponses aux questions suivantes : Célimène l'aime-t-elle ? Et veut-elle l'épouser ? Dans cette intrigue principale, les péripéties se multiplient afin de retarder le dénouement. Alceste n'a pas sitôt commencé à s'expliquer avec Célimène que des fâcheux se présentent ou qu'on vient le chercher pour quelque pressante affaire. Tous ces retards se rattachent à l'intrigue principale, formant des intrigues secondaires qui offrent une grande variété de situations et contribuent au dynamisme de cette évocation du XVIIe siècle.

Le Misanthrope compte quatre intrigues secondaires: 1- L'intrigue du procès, intenté au misanthrope par un franc scélérat (v. 124), au sujet duquel Du Bois vient quérir son maître alors en pleine explication avec Célimène (ACTE IV, SCÈNE 4). 2- L'intrigue du sonnet (ACTE I, SCÈNE 2), dans laquelle Oronte demande réparation pour les insultes dont il a été accablé. Alceste doit donc se rendre d'urgence à la maréchaussée pour régler le différend (fin de l'ACTE II). S'ajoute à l'intrigue un rebondissement lorsque le spectateur découvre en Oronte le plus sérieux rival d'Alceste (ACTE IV, SCÈNE 2). 3- L'intrigue des petits marquis, moins développée, permet une critique de la jeunesse oisive et assure une belle ampleur à la scène finale. 4- Plus complexe, l'intrigue d'Arsinoé prend naissance lors de la visite de cette dernière à Célimène (ACTE III, SCÈNE 4). Arsinoé, humiliée, enclenche sa vengeance quand elle propose à Alceste de lui fournir une preuve tangible de la trahison de Célimène (fin de l'ACTE III). Cette intrigue se résout dans la scène des lettres (ACTE V, SCÈNE 4). Elle contient, en outre, le motif de la passion d'Arsinoé envers Alceste.

Une intrigue annexe, celle de l'amour entre Philinte et Éliante, dont le déroulement est brodé en contrepoint des relations orageuses d'Alceste et Célimène, est la seule à se dénouer de façon heureuse, c'est-à-dire par un mariage, convention obligée de la comédie classique.

LE LIEU ET LE TEMPS

Le Misanthrope respecte la règle des unités de lieu et de temps. L'ensemble de l'action se déroule à Paris, dans le salon de Célimène, situé à l'étage de son hôtel particulier. Au-dessus des appartements de Célimène vit sa cousine Éliante. Dans *Le Misanthrope*, Molière fait peu d'allusions au lieu. Il semble ne pas chercher à le caractériser. Il importe surtout qu'il soit unique et neutre, qu'il rappelle le «palais à volonté» de la tragédie, cette sorte d'antichambre ou de lieu de passage qui permet de justifier la rencontre fortuite des personnages pendant la pièce. Sur ce point, le salon de Célimène offre d'ailleurs plus de vraisemblance. N'est-ce pas là un lieu de réception ? Peut-on s'étonner d'y rencontrer à toutes heures du jour des visiteurs ?

L'unité de temps du théâtre classique prescrit un déroulement de toute l'action en moins de vingt-quatre heures. *Le Misanthrope* s'y conforme. Au premier acte, pendant que Célimène et sa cousine sont sorties pour quelques emplettes (v. 250), Alceste, Philinte, puis Oronte, familiers des lieux, se sont introduits. L'ACTE II se déroule un peu plus tard, au retour de Célimène, probablement en début d'après-midi, car la visite des marquis serait incongrue à quelques minutes du repas du midi. Entre cet acte et le suivant, une ellipse temporelle s'inscrit, le temps pour Alceste de se présenter devant le tribunal de la maréchaussée. À l'ACTE III, l'après-midi paraît avancé. Célimène reçoit la visite d'Arsinoé. Plus tard, Alceste est de retour et de fort mauvaise humeur. Célimène le laisse avec la prude Arsinoé. Celle-ci, voyant un moyen de plaire au misanthrope, le prie de l'accompagner chez elle. Nouvelle ellipse temporelle. À l'ACTE IV, le salon est vide avant l'arrivée des visiteurs du soir. Philinte et Éliante s'y entretiennent d'amour, puis arrive le moment d'une grave explication entre Alceste et Célimène que Du Bois interrompt en venant quérir son maître pour le procès. Dernière ellipse. Au dernier acte, en fin de soirée, tous les personnages sont réunis dans le salon de Célimène.

LES THÈMES

L'hypocrisie

S'il ressort un message clair du *Misanthrope*, c'est bien que l'hypocrisie ne peut être dissociée des rapports humains. Dans la pièce, le récit dramatique s'articule entièrement autour de cet axiome. Dans quelle mesure l'hypocrisie doit-elle teinter les relations humaines ? Selon l'idée générale de la pièce, il faut savoir en user modérément.

La légitimité morale de l'hypocrisie n'est pas ici en cause. Cette tare, la vie en société l'impose comme un mal nécessaire. Sans elle, l'organisation sociale s'effondre. Peut-on croire en la réalité d'une cité comptant quelques milliers d'individus où chacun, en tout temps et en tout lieu, parlerait et agirait à sa guise en toute *sincérité* ? Une telle liberté individuelle mène droit à l'anarchie et souligne d'autant plus la nécessité d'y mettre un frein. La politesse, un régulateur des pulsions individuelles, présente une forme bénigne de l'hypocrisie et assure la cohésion des rapports sociaux. Le sage s'y plie de plein gré, car le retranchement momentané de sa liberté résultant d'une soumission aux bienséances lui permet de vivre dans l'harmonie. Voilà le point sensible du misanthrope et ce sur quoi achoppent toutes ses tentatives d'accéder au bonheur; ses scrupules lui ont compliqué à tort l'existence. Il se refuse au gros bon sens. Bien entendu, l'hypocrisie demeure regrettable. Elle stimule la médisance, la calomnie, les tractations douteuses et le mensonge. La plupart des personnages du *Misanthrope* s'y adonnent sans retenue, ce qui flatte leur orgueil et excite leur volonté de puissance. Observation plus grave : Molière laisse entendre qu'au XVIIe siècle, le mal est endémique. La cour, la ville et jusqu'aux tribunaux en connaissent le ferment et voient chaque jour mûrir une nouvelle moisson de ses néfastes conséquences. Faut-il pour autant s'exiler dans le désert ou se placer au-dessus des contingences ? Trop d'honnêteté ou pas assez, ce sont là des positions extrêmes intenables. La sincérité, qu'Alceste appelle de tous ses vœux, ne peut s'épanouir que dans un terreau où l'hypocrisie sert d'engrais. Philinte et Éliante l'ont compris. Leur sens moral, allié à l'indulgence et à la politesse, leur garantit donc un bonheur sans mélange.

L'amitié

Dans *Le Misanthrope*, Alceste donne à l'amitié une terrible définition (v. 49-64). Il conçoit ce sentiment comme un privilège rarissime, accordé à un individu distingué d'un petit nombre déjà trié sur le volet. L'exclusivité du rapport amical n'est pas seulement souhaitable, elle est exigée. Encore doit-elle être mesurée. Alceste refuse à l'ami jusqu'aux simples salutations de politesse qu'il rend à une connaissance croisée par hasard. L'amitié devient ainsi un sentiment contraignant. Pourtant, on croirait que, à l'usage, cette rigueur l'avantage. À faire tant de manières et de difficultés à l'amitié, il n'en a pas moins gagné Philinte. Et peut-on rêver compagnon plus parfait ? C'est toutefois la sagesse de ce dernier qui s'approche le plus près d'une conception idéale de l'amitié.

Philinte dégage d'abord l'amitié véritable des gangues de l'amitié polie, indispensable à la vie de cour. Cela accompli, l'amitié réelle se fonde sur une grande délicatesse, une attention et un dévouement sans borne. Philinte sait qu'Alceste souffre et, à chacune de leurs rencontres, transparaît un souci de le conseiller, de le réconforter et de le défendre contre les autres et, surtout, contre sa misanthropie, source de tous ses maux. Il assume cette tâche ingrate sans sourciller et dans la bonne humeur, malgré l'irritation perpétuelle d'Alceste, dont il essuie maintes fois l'orage. Où Philinte peut-il bien puiser la force de faire don de soi de façon aussi loyale et invincible ? Tout simplement dans sa profonde beauté morale.

L'amour

À l'image de l'amitié, mais dans un registre plus élevé, l'amour impose le devoir de la sincérité. Si le récit dramatique du *Misanthrope* souligne l'importance de cette sincérité dans les relations amoureuses, là encore une position nuancée est prescrite par l'attitude de Philinte opposée à celle d'Alceste. Laisser toute latitude à l'être aimé cultive l'amour sincère. Au contraire, exiger une sincérité de tous les instants relève d'une tyrannie incompatible avec le bonheur. Sur ce point, Célimène a raison de reprocher à Alceste ses constantes querelles. Que vaut l'amour sans la confiance ? Si le misanthrope avait adopté l'attitude sereine et dégagée de Philinte, il aurait constaté l'hypocrisie de la coquette. C'est pourquoi la trahison de Célimène lui fait l'effet d'une brûlure sur une plaie vive. Et cela, il le doit à l'aveuglement de son amour trop impétueux.

L'ÉCRITURE

Le Misanthrope compte 1808 vers. Le style allègre de l'écriture ne doit pas masquer la colossale somme de travail exigée pour parvenir à un pareil effet de naturel et de mouvement.

Le vocabulaire

Dans *Le Misanthrope,* on remarque que les luttes amoureuses sont souvent évoquées à l'aide d'un vocabulaire guerrier. Il s'agit d'une influence stylistique de la littérature précieuse. Autrefois, la fonction sociale de la noblesse se vouait à la défense du royaume. Mais au XVIIe siècle, la mission guerrière ayant été écartée des préoccupations nobiliaires au profit du cérémonial de la cour, le seul domaine où l'agression, la défense et la retraite restent symboliquement efficientes est celui de l'amour.

La versification

Le vers de Molière n'a jamais plu aux contemporains, qui le jugent trop près de la langue parlée. Voici, au contraire, ce qui aujourd'hui le rend facile à lire et à entendre.

Le Misanthrope au complet[1] est rédigé en alexandrins (vers de douze syllabes), dont les rimes, dites suivies ou plates, vont deux par deux, tout en respectant l'alternance des rimes masculines (sans *e* final) et féminines (avec *e* final). Le vers classique compte une césure (coupure) à l'hémistiche, le milieu du vers. Dans un alexandrin, l'hémistiche se situe, bien entendu, entre les sixième et septième syllabes. Lorsqu'on effectue le décompte des syllabes, il faut se garder de calculer, à la fin d'un vers, une syllabe muette (qui se termine par *e*). Le vers 29 (*Je ne vois pas, pour moi, que le cas soit pendable*) peut servir d'exemple. Il compte douze syllabes, car le mot «pendable» n'en possède que deux en raison de sa terminaison muette. Toutefois, à l'intérieur d'un vers, la syllabe muette en fin de mot compte si elle est suivie d'un mot qui débute par une consonne (vers 11 : «déclare» compte pour trois, car suivi par «net»). Par contre, elle ne compte pas si elle est suivie d'un mot qui débute par une voyelle ou un *h* muet (vers 2 : «quelle» compte pour deux, puisque suivi par «bizarrerie»; vers 137 : «grimace» compte pour deux, car suivi par «est»).

Il faut préciser que, dans une pièce de théâtre, un vers peut courir sur une, deux, voire plusieurs répliques avant de former un vers complet (exemples : vers 84 à 87). Les auteurs prennent aussi une licence (liberté) orthographique dans le but de toucher au nombre exact de syllabes requises. Par exemple, *encore* s'écrit *encor* (vers 2) pour retrancher une syllabe, ou *jusques* pour *jusque* (vers 9) afin, dans ce dernier cas, de donner deux syllabes au mot. Pour permettre une rime «visuelle», l'auteur peut aussi modifier la terminaison d'un mot en vue de le rendre identique à l'autre membre de la rime. Par exemple, «croi» et «soi» aux vers 803-804. Dans notre édition, à l'instar des éditions modernes, l'orthographe respecte la règle et non la rime.

1 Hormis le sonnet d'Oronte, la vieille chanson médiévale d'Alceste (ACTE I, SCÈNE 2) et les lettres (en prose) de Célimène (ACTE V, SCÈNE 4).

Certaines rimes fournissent de précieux renseignements sur la prononciation du français à l'époque de Molière. Par exemple, au XVIIe siècle, le mot *monnaie* s'orthographie *monnoie*. Les terminaisons des verbes à l'imparfait ou au conditionnel présent s'écrivent aussi en *ois*. Or, la syllabe *oi* se prononce «oué». On dit donc «monnoué» pour *monnaie*, «marchoué» pour *marchais*, «croué» pour *crois*, «joué» pour *joie*, «roué» pour *roi*, «moué» pour *moi* et «soué» pour *soi*. La perpétuation de cette diphtongue au Québec atteste de l'époque à laquelle s'est effectuée la colonisation en Nouvelle-France. Elle prouve aussi que le changement de diphtongue s'est opéré en France après la Conquête (1760). Le Bas-Canada ayant été coupé de tout lien culturel avec la France après cette date, la langue n'a pas connu ici les mêmes modifications que là-bas. Les recherches historiques des linguistes prêtent, au cours des XVIIe et XVIIIe siècles, une lente transformation à certaines diphtongues du français. La prononciation actuelle s'impose après la Révolution française.

Le Mysantrope, enfin se joüe,
Ie le veids Dimanche, & j'avoüe
Que de Moliére, son Autheur,
N'a rien fait de cette hauteur.
Les expressions en sont belles,
Et vigoureuses, & nouvelles,
Le Plaisant, & le Sérieux
Y sont assaisonnez des mieux:
Et ce Mysantrope est si sage,
En frondant les Mœurs de nôtre Age,
Que l'on diroit, Benoist Lecteur,
Qu'on entend vn Prédicateur.
Aucune Morale Chrétienne
N'est plus loüable que la sienne,
Et l'on conét, évidemment,
Que dans son noble emportement,
Le Vice est l'Objet de sa haine,
Et nulement la Race humaine,
Comme elle estoit à ce Timon,
Dont l'Histoire a gardé le nom,
Comme d'vn Monstre de Nature.
Chacun void, donc, là sa Peinture,
Mais de qui tous les Trais censeurs
Le rendans confus de ses mœurs,
Le piquent de la belle envie
De mener toute vne autre vie.
Au reste, chacun des Acteurs
Charme, & ravit les Spectateurs:
Et l'on y peut voir les trois Graces
Menans les Amours, sur leurs traces,
Sous le Visage, & les Attrais
De trois Objets jeunes, & frais,
Moliére, du Parc, & de Brie,
Allez voir si c'est menterie.

Lettre en vers à Madame, Loret, 12 juin 1666.

Bibliothèque nationale de France.

Jugements sur l'œuvre

Le *Misanthrope* enfin se joue;
Je le vis dimanche, et j'avoue
Que de Molière, son auteur,
N'a rien fait de cette hauteur.
Les expressions en sont belles,
Et vigoureuses et nouvelles;
Le plaisant et le sérieux
Y sont assaisonnés des mieux;
Et ce misanthrope est si sage
En frondant les mœurs de notre âge,
Que l'on diroit, benoît lecteur,
Qu'on entend un prédicateur.
Aucune morale chrétienne
N'est plus louable que la sienne,
Et l'on connoît évidemment
Que, dans son noble emportement,
Le vice est l'objet de sa haine,
Et nullement la race humaine,
Comme elle était à ce Timon,
Dont l'histoire a gardé le nom
Comme d'un monstre de nature.

Loret, *Lettre* du 12 juin 1666.

Une chose de fort grand cours
Et de beauté très singulière
Est une pièce de Molière.
Toute la cour en dit du bien.
Après son *Misanthrope*, il ne faut plus voir rien.
C'est un chef-d'œuvre inimitable.
Mais moi, bien loin de l'estimer,
Je soutiens, pour le mieux blâmer,
Qu'il est fait en dépit du diable.

Subligny, *La Muse dauphine*, 17 juin 1666.

Voilà, Monsieur, ce que je pense de *la comédie du misanthrope amoureux*, que je trouve d'autant plus admirable que *le héros en est plaisant sans être trop ridicule*, et qu'*il fait rire les honnêtes gens* sans dire des plaisanteries fades et basses, comme l'on a accoutumé de voir dans des pièces comiques. Celles de cette nature me semblent plus divertissantes, encore que l'on y rie moins haut : et je crois qu'elles divertissent davantage qu'elles attachent, et qu'elles font continuellement rire dans l'âme. *Le misanthrope, malgré sa folie, si l'on peut ainsi appeler son humeur, a le caractère d'un honnête homme, et beaucoup de fermeté*, comme l'on peut connaître dans l'affaire du sonnet. Nous voyons de grands hommes dans des pièces héroïques, qui en ont bien moins, qui n'ont point de caractère, et démentent souvent au théâtre, par leur lâcheté, la bonne opinion que l'histoire a fait concevoir d'eux.

L'auteur ne représente pas seulement le misanthrope sous ce caractère, mais il fait encore parler à son héros d'une partie des mœurs du temps ; et ce qui est admirable, c'est que, *bien qu'il paraisse en quelque façon ridicule*, il dit des choses fort justes. Il est vrai qu'il semble trop exiger ; mais il faut demander beaucoup pour obtenir quelque chose ; et, pour obliger les hommes à se corriger un peu de leurs défauts, il est nécessaire de les leur faire paraître bien grands. Molière, par une adresse qui lui est particulière, laisse partout deviner plus qu'il ne dit.

Donneau de Visé,
Lettre sur la comédie du *Misanthrope*, 1667.

L'ART POÉTIQUE

Étudiez la cour et connaissez la ville :
L'une et l'autre est toujours en modèles fertile.
C'est par là que MOLIÈRE, illustrant ses écrits,
Peut-être de son art eût remporté le prix,
Si, moins ami du peuple, en ses doctes peintures,
Il n'eût point fait souvent grimacer ses figures,
Quitté, pour le bouffon, l'agréable et le fin,
Et sans honte à Térence allié Tabarin.
Dans ce sac ridicule où Scapin s'enveloppe,
Je ne reconnais plus l'auteur du *Misanthrope*.

Nicolas Boileau,
L'Art poétique, CHANT III, v. 391-400, 1674.

C'est un ouvrage plus fait pour les gens d'esprit que pour la multitude, et plus propre encore à être lu qu'à être joué. [...]

Si on osait encore chercher dans le cœur humain la raison de cette tiédeur du public aux représentations du *Misanthrope*, peut-être les trouverait-on dans l'intrigue de la pièce, dont les beautés, ingénieuses et fines, ne sont pas également vives et intéressantes, dans ces conversations mêmes qui sont des morceaux inimitables, mais qui, n'étant pas toujours nécessaires à la pièce, peut-être refroidissent un peu l'action.

Voltaire, Sommaire de l'édition
des *Œuvres de Molière*, 1739.

Dans toutes les autres pièces de Molière, le personnage ridicule est haïssable ou méprisable. Dans celle-là, quoique Alceste ait des défauts réels dont on n'a pas tort de rire, on sent pourtant au fond du cœur un respect pour lui dont on ne peut se défendre. En cette occasion la force de la vertu l'emporte sur l'art de l'auteur, et fait honneur à son caractère. Quoique Molière fît des pièces répréhensibles, il était personnellement honnête homme; et jamais le pinceau d'un honnête homme ne sut couvrir de couleurs odieuses les traits de la droiture et de la probité.

Jean-Jacques Rousseau,
Lettre à M. d'Alembert sur les spectacles, 1758.

Une soirée perdue

J'étais seul, l'autre soir, au Théâtre-Français,
Ou presque seul; l'auteur n'avait pas grand succès.
Ce n'était que Molière, et nous savons de reste
Que ce grand maladroit, qui fit un jour *Alceste*,
Ignora le bel art de chatouiller l'esprit
Et de servir à point un dénoûment bien cuit.
Grâce à Dieu, nos auteurs ont changé de méthode,
Et nous aimons bien mieux quelque drame à la mode,
Où l'intrigue, enlacée et roulée en feston,
Tourne comme un rébus autour d'un mirliton.

J'écoutais cependant cette simple harmonie,
Et comme le bon sens fait parler le génie.
J'admirais quel amour pour l'âpre vérité
Eut cet homme si fier en sa naïveté,
Quel grand et vrai savoir des choses de ce monde,
Quelle mâle gaîté, si triste et si profonde
Que, lorsqu'on vient d'en rire, on devrait en pleurer !
Et je me demandais : «Est-ce assez d'admirer ?
Est-ce assez de venir, un soir, par aventure,
D'entendre au fond de l'âme un cri de la nature,
D'essuyer une larme, et de partir ainsi,
Quoi qu'on fasse d'ailleurs, sans en prendre souci ?»
Enfoncé que j'étais dans cette rêverie,
Çà et là, toutefois, lorgnant la galerie,
Je vis que, devant moi, se balançait gaîment
Sous une tresse noire un cou svelte et charmant;

Et, voyant cet ébène enchâssé dans l'ivoire,
Un vers d'André Chénier chanta dans ma mémoire,
Un vers presque inconnu, refrain inachevé,
Frais comme le hasard, moins écrit que rêvé.
J'osai m'en souvenir, même devant Molière;
Sa grande ombre, à coup sûr, ne s'en offensa pas,
Et, tout en écoutant, je murmurais tout bas,
Regardant cette enfant, qui ne s'en doutait guère :
«Sous votre aimable tête, un cou blanc, délicat,
Se plie et de la neige effacerait l'éclat.»

Puis je songeais encore (ainsi va la pensée)
Que l'antique franchise, à ce point délaissée,
Avec notre finesse et notre esprit moqueur,
Ferait croire, après tout, que nous manquons de cœur;
Que c'était une triste et honteuse misère
Que cette solitude à l'entour de Molière,
Et qu'il est *pourtant temps*, comme dit la chanson,
De sortir de ce siècle ou d'en avoir raison;
Car à quoi comparer cette scène embourbée,
Et l'effroyable honte où la muse est tombée ?
La lâcheté nous bride, et les sots vont disant
Que, sous ce vieux soleil, tout est fait à présent;
Comme si les travers de la famille humaine
Ne rajeunissaient pas chaque an, chaque semaine.
Notre siècle a ses mœurs, partant, sa vérité;
Celui qui l'ose dire est toujours écouté.

Ah ! j'oserais parler, si je croyais bien dire.
J'oserais ramasser le fouet de la satire,
Et l'habiller de noir, cet homme aux rubans verts
Qui se fâchait jadis pour quelques mauvais vers.
S'il rentrait aujourd'hui dans Paris la grand'ville,
Il y trouverait mieux pour émouvoir sa bile
Qu'une méchante femme et qu'un méchant sonnet;
Nous avons autre chose à mettre au cabinet.

Ô notre maître à tous ! si ta tombe est fermée,
Laisse-moi, dans ta cendre un instant ranimée,
Trouver une étincelle, et je vais t'imiter !
J'en aurai fait assez si je puis le tenter.
Apprends-moi de quel ton, dans ta bouche hardie,
Parlait la vérité, ta seule passion,
Et, pour me faire entendre, à défaut du génie,
J'en aurai le courage et l'indignation !

Ainsi je caressais une folle chimère.
Devant moi, cependant, à côté de sa mère,
L'enfant restait toujours, et le cou svelte et blanc
Sous les longs cheveux noirs se berçait mollement.

Le spectacle fini, la charmante inconnue
Se leva. Le beau cou, l'épaule à demi nue
Se voilèrent ; la main glissa dans le manchon ;
Et, lorsque je la vis au seuil de sa maison
S'enfuir, je m'aperçus que je l'avais suivie.
Hélas ! mon cher ami, c'est là toute ma vie.
Pendant que mon esprit cherchait sa volonté,
Mon corps avait la sienne et suivait la beauté ;
Et quand je m'éveillai de cette rêverie,
Il ne m'en restait plus que l'image chérie :
« Sous votre aimable tête, un cou blanc, délicat,
Se plie et de la neige effacerait l'éclat. »

Alfred de Musset, 1840

Alceste, c'est [...] ce qu'il y a de plus sérieux, de plus noble, de plus élevé dans le comique, le point où le ridicule confine au courage, à la vertu. Une ligne plus haut, et le comique cesse, et on a un personnage purement généreux, presque héroïque et tragique.

Sainte-Beuve, *Portraits littéraires* (IV), 1844.

Alceste s'éprend d'une coquette renforcée, d'une mondaine grisée de sa gloire mondaine et il s'étonne qu'elle ne s'enferme pas avec lui dans une réclusion où deux âmes transparentes n'ont plus rien de secret l'une pour l'autre. Molière s'amuse de l'inconséquence. Je doute même qu'il plaigne le soupirant Alceste et qu'il ait pour Célimène la sévérité que nous aurions. Là encore, nous ignorons ou nous oublions les usages du siècle qui étaient ceux de tout le monde. Quel est le crime de Célimène ? C'est d'écrire à plusieurs des lettres d'amour en se moquant alternativement, devant chacun, des autres, des rivaux dont il est jaloux. Mais, au XVIIe siècle, de pareilles lettres n'engagent à rien, peuvent n'engager à rien… Ce n'est qu'un jeu, un divertissement de société.

Daniel Mornet, *Molière*, 1943.

Alceste n'est pas grotesque. Il n'est même pas ridicule, surtout au sens actuel du mot, il ne fait pas rire, mais sourire. Il a tort souvent, et sa rigueur de raisonnement, ses exigences outrées le mettent souvent en posture fâcheuse, mais toute interprétation du rôle qui accentue ses travers trahit les intentions les plus certaines de Molière. […]

Pourquoi le nier ? Il y a, à ce caractère, un envers fâcheux. Alceste a l'esprit contrariant. Il penserait se manquer à soi-même s'il se rangeait à l'avis de quelqu'un… Il manque de souplesse et il est terriblement entêté.

Antoine Adam, *Histoire de la littérature française au XVIIe siècle* (tome III), 1952.

Oui, [Alceste] est moralisateur, rancunier, querelleur, mais à grande échelle. Alceste nous embête comme un enfant à qui nous aurions dit de ne jamais mentir et qui nous surprend en flagrant délit de mensonge. Il est candide, il est naïf par rapport à ce qu'il attend de la vie et des autres. Sa sincérité est immense, et le rend extrêmement vulnérable. C'est un pur qui croit qu'il n'est jamais besoin d'avoir recours à des astuces pour sauvegarder ses propres intérêts. Il pense que le bon droit finit toujours par triompher de lui-même et il est profondément convaincu que si tout est bien, tout finira bien. Il croit en l'existence de la justice et c'est pourquoi, avec constance et passion, il dénonce les injustices, si infimes soient-elles.

Luc Picard, Programme pour *Le Misanthrope*,
Théâtre du Nouveau Monde, 1998.

Plongée dans l'œuvre

Questions sur l'œuvre

Scène 1

1. Quels défauts, liés à sa misanthropie, se découvrent chez Alceste aux vers 4 et 5 ?
2. Que révèle du caractère de Philinte le vers 13 ?
3. Quel motif cause la colère d'Alceste ?
4. Quelle plaisanterie Alceste trouve-t-il mauvaise (v. 33) ?
5. Résumez les positions des deux amis sur la politesse.
6. Relevez l'opposition (oxymore) du vers 54.
7. Expliquez les métaphores des vers 89 et 90.
8. Que révèle Philinte à son ami aux vers 102 à 108 ?
9. Comment réagit Alceste ? Qu'en déduire ?
10. Quel mot du vers 114 permet d'évaluer le degré de misanthropie d'Alceste ? Expliquez.
11. Relevez les expressions excessives ou emportées qui rendent comiques les propos d'Alceste (v. 118-144).
12. Alceste reconnaît deux types d'hommes. Lesquels ?
13. Expliquez la métaphore du vers 144.
14. Résumez la pensée de *l'honnête homme* (v. 145-166).
15. Quel cas Alceste soumet-il à Philinte ? Que lui répond ce dernier ?
16. Aux vers 182 à 184, quel conseil donne Philinte ?
17. Que refuse de faire Alceste pour favoriser l'issue de son procès ?
18. Expliquez la raison de cette attitude.
19. Quel trait du caractère d'Alceste précise le vers 200 ?
20. Quelle contradiction est mise à jour aux vers 207 à 224 ?
21. Résumez en trois points la réponse d'Alceste.
22. Expliquez le vers 235.
23. Chez Alceste, en quoi l'amour rejoint-il l'amitié ?
24. Que vient faire Alceste chez Célimène ?
25. Que révèle Philinte aux vers 243 et 244 ?

Scène 2 (la scène du sonnet)

1. Aux vers 253 et 254, quels adjectifs semblent ne pas bien s'associer pour exprimer un même sentiment ? Expliquez.
2. À l'acte v, le vers 1598 corrobore-t-il le vers 255 ?
3. Quel champ lexical traverse les vers 255 à 260 ?
4. Quel trait de caractère d'Oronte mettent en évidence les vers 259 et 260 ?
5. Oronte est-il le premier personnage à faire référence à l'univers (voir la question 18, acte i, scène 1) ? Tirez-en une conclusion.
6. Quel effet comique et quel trait du caractère d'Oronte sont révélés par le passage entre les vers 267 et 277 ?
7. Par son refus d'accepter l'amitié d'Oronte (v. 277-284), Alceste est-il parfaitement en accord avec les principes qu'il prône aux vers 69 à 73 ?
8. Plus loin dans la pièce (v. 1075-1080), Arsinoé propose à Alceste un service identique à celui d'Oronte aux vers 288 et 289. Que conclure de cette habitude ? En ce faisant, si Arsinoé recherche l'amour d'Alceste, que recherche ici Oronte ?
9. Que mettent en évidence les vers 290 à 293 ?
10. Oronte est-il sincère aux vers 301 à 303 ?
11. Pourquoi Oronte se cherche-t-il tant d'excuses (v. 307-313) ? Comment Alceste répond-il à cette manie ?
12. Relevez les personnifications dans la première strophe du sonnet.
13. Expliquez l'effet comique des vers 319 et 320 ainsi que des vers 325 et 326.
14. Quelle est la disposition des vers de la deuxième strophe du sonnet ? Quelle est la disposition habituelle des vers dans *Le Misanthrope* ?
15. Quelle est la valeur des rimes dans cette strophe ?
16. Expliquez le sens du premier tercet (v. 327-329).
17. Dans la chute, d'où provient la surprise (v. 330-332) ? Expliquez-en le sens.
18. Expliquez le jeu de mots des vers 333 à 335.
19. Quel rapprochement peut être fait entre la réplique de Philinte au vers 338 et la demande d'Oronte au vers 340 ?

20. Expliquez le subterfuge employé au vers 343. Par cette façon d'agir, Alceste est-il en accord avec lui-même ?
21. Quelle répétition crée l'effet comique des vers 352 à 362 ? Comment justifier cette répétition ? Que conclure de l'attitude des deux personnages dans ce passage ?
22. Qualifiez le vers 376. Ce vers introduit quel nouveau registre dans la scène ? Quelle est la cause de ce changement ?
23. En quoi le caractère d'Alceste rejoint-il ses goûts en matière de littérature ?
24. Quel courant littéraire est en cause au vers 389 ?
25. Quel effet donne la répétition du poème médiéval ?
26. Pourquoi Philinte rit-il (v. 414) ?
27. Établissez le durcissement de ton des répliques d'Alceste à partir du vers 418.
28. Dans ce même passage, quand Oronte cesse-t-il d'être poli ?
29. Justifiez l'intervention de Philinte au vers 435.
30. Quelle figure de style est liée aux termes de politesse des vers 433 à 438 ?

Scène 3

1. Quels reproches Philinte fait-il à son ami ?
2. Quelle est la particularité du vers 444 ? Justifiez cette particularité.
3. Quelle conduite Alceste garde-t-il ? Pourquoi ?

SCÈNE 1 (voir l'extrait 1, p. 38)

SCÈNE 2

1. Quel motif pousse Alceste à la colère ?
2. Qu'affirme Célimène pour accueillir Acaste ?

SCÈNE 3

1. Pourquoi Alceste veut-il fuir ?
2. Pourquoi Célimène le retient-elle ?
3. Qu'indique la répétition au vers 557 ?
4. Que rappelle le revirement d'attitude au vers 558 ?

SCÈNE 4 (LA SCÈNE DES PORTRAITS)

1. Dans cette scène, combien Célimène exécute-t-elle de portraits ? Donnez le nom et le type de chaque victime.
2. Justifiez l'emploi du mot *bruit* au vers 582.
3. Expliquez la métaphore doublée d'une allitération au vers 606.
4. Commentez et justifiez l'effet d'étirement du vers 614.
5. Quel champ lexical traverse les vers 625 à 630 ? Relevez les mots qui en font partie. À quelle métaphore donne-t-il lieu à la fin du portrait ? Expliquez.
6. Comment réagit Alceste ? À qui s'adressent ses reproches ?
7. Résumez ce que critique Célimène en Alceste (v. 669-680).
8. Quel jeu de scène oblige le vers 681 ?
9. Comparez les vers 213 à 224 aux vers 683 à 686. Philinte se contredit-il ?
10. Selon Alceste, quel est le comportement d'un véritable amoureux ?
11. Quels vers de Célimène raillent la conception d'Alceste sur les devoirs de l'amoureux ?
12. Résumez le propos d'Éliante.

SCÈNE 5

1. Expliquez la réponse d'Alceste au vers 745.

SCÈNE 6

1. Expliquez le vers 769.

Scène 1

1. Quels sont les aspects de sa personne dont Acaste est fier ? Son autoportrait (v. 781-804) rejoint-il les deux portraits de lui tracés par Célimène (v. 539-549 et dans sa lettre adressée à Clitandre qu'Acaste lit à l'acte v, scène 4) ? Que conclure ?
2. Quelle conception Acaste se fait-il de l'amour ?
3. Quel champ lexical apparaît aux vers 815 à 822 qui rend bien matérialiste la conception amoureuse d'Acaste ? Relevez les mots appartenant à ce champ.
4. Quel trait de caractère ressort de l'attitude d'Acaste (v. 823-838) ?
5. Quel marché Clitandre propose-t-il à son rival ?

Scène 2

1. Que sous-entend la surprise de Célimène ?

Scène 3

1. Résumez le portrait d'Arsinoé (v. 854-872).
2. Expliquez la métaphore du vers 860.

Scène 4 (voir l'extrait 2, p. 65)

Scène 5

1. Quelle est la double offre d'Arsinoé à Alceste ?
2. Quelle est la réponse d'Alceste ?
3. Aux vers 1095 à 1098, auxquelles de ses affaires fâcheuses et à qui semble faire allusion Alceste ?
4. Quand Alceste souligne-t-il l'hypocrisie d'Arsinoé ?
5. Quelle est la réponse d'Arsinoé ?
6. Expliquez les vers 1123 et 1124.
7. Sur quoi repose le jeu de mots des vers 1129 et 1130 ?
8. Expliquez les vers 1131 et 1132.

ACTE IV

SCÈNE 1

1. Sur quel ton Philinte parle-t-il d'Alceste ?
2. Expliquez les vers 1161 et 1162.
3. Sur quel ton Éliante parle-t-elle d'Alceste ?
4. Que suppose l'évocation du Ciel au vers 1171 ?
5. Que veut dire Éliante aux vers 1175 à 1178 ?
6. Quelle nuance les propos d'Éliante ajoutent-ils au caractère de Célimène (v. 1180-1184) ?
7. Comparez les sentiments d'abnégation d'Éliante (v. 1191-1202) et de Philinte (v. 1203-1206).
8. Quels mots indiquent que la liaison entre Éliante et Philinte n'est pas immédiatement scellée ?

SCÈNE 2

1. Aux vers 1220 à 1224 et 1227 à 1230, relevez les expressions excessives qui mettent en relief l'émoi d'Alceste.
2. Expliquez les attitudes respectives de Philinte et d'Alceste aux vers 1232 à 1234.
3. La droiture morale d'Alceste est-elle entachée par l'offre qu'il propose à Éliante ? Expliquez.
4. Résumez en trois points la réponse d'Éliante.

SCÈNE 3 (voir l'extrait 3, p. 85)

SCÈNE 4

1. Qui génère le comique de cette scène ? Expliquez.
2. Qualifiez Du Bois selon ses manières d'agir.
3. Au vers 1475, quelle nuance s'ajoute au caractère de Célimène ? Cela rappelle-t-il des propos déjà tenus par elle ?

SCÈNE 1 (voir l'extrait 4, p. 97)

SCÈNE 2

1. Que laisse supposer le *Oui* dit par Oronte (v. 1587) ?
2. Expliquez les métaphores précieuses des vers 1587, 1588 et 1593.
3. En quoi les exigences d'Oronte (v. 1593-1596) font écho à celles d'Alceste à l'ACTE II (v. 457-460) ?
4. Puisque Célimène n'a pas assisté à la scène du sonnet, comment comprendre les vers 1597 et 1598 ? Tenez compte de la répartie d'Oronte pour trouver la solution.
5. D'où provient le comique de cette scène ?
6. Que rappellent les serments réciproques des vers 1615 et 1616 ?
7. Comparez les propos des vers 1629 à 1636 à ceux tenus à l'ACTE II (v. 505-506) et à l'ACTE IV (v. 1401-1408).
8. Relevez le champ lexical relatif à l'amour dans cette scène. Quels types de mots sont particulièrement nombreux ?

SCÈNE 3

1. Relevez le danger que présente la demande de Célimène pour Éliante.
2. Résumez en une phrase la réponse d'Éliante.

SCÈNE 4

1. Quel but a la visite d'Acaste et de Clitandre ?
2. Comment Arsinoé justifie-t-elle sa présence ? Quelle en est la raison réelle ?
3. Qui est le grand flandrin de Vicomte ?
4. Dans les lettres de Célimène, qualifiez les portraits des petits marquis. Offrent-ils un contraste avec un précédent passage de la pièce ? Expliquez.
5. D'où provient le comique de cette scène ? N'y a-t-il pas aussi un malaise sous-jacent ? Expliquez.
6. Qu'ont en commun les réactions de Clitandre, d'Acaste et d'Oronte à la lecture des lettres ? Qu'est-ce qui les distingue ?

7. Quel ton prend Arsinoé aux vers 1709 à 1711 ? Change-t-elle encore de ton avant son départ ? Expliquez.
8. Quelle est la réaction d'Alceste ?
9. Que propose Alceste à Célimène (v. 1757 à 1768 et v. 1771 à 1773) ?
10. Que révèle la réponse de Célimène ? Comment se justifie-t-elle ?
11. Quel mot de la réplique de Célimène, commençant au vers 1774, souligne le côté superficiel de son amour pour Alceste ? Expliquez.
12. Pourquoi Alceste refuse-t-il le mariage que lui propose Célimène ?
13. Quelle justification Alceste fournit-il à Éliante pour ne pas lui demander sa main ?
14. Expliquez les vers 1793 et 1794.
15. Pourquoi Éliante coupe-t-elle la parole à Alceste ?
16. Expliquez la métaphore et la personnification du vers 1804.
17. Quel est le dernier mot prononcé par Alceste ? Est-il positif ou négatif en l'occurrence ?
18. En quoi la toute fin de la pièce ressemble-t-elle à son tout début ?

Extrait 1

Acte II, scène 1

1. Quelle règle de la versification Molière n'observe-t-il pas au début de l'Acte II ? La rime des deux premiers vers est-elle sonore ou visuelle ?
2. Trouvez et expliquez la métaphore aux vers 447 à 454.
3. Dans le même passage, trouvez une exagération. La portée du discours est-elle affaiblie ou augmentée par cette exagération ?
4. Que font comprendre les vers 455 et 456 par rapport à ce qui s'est passé entre les premier et deuxième actes ?
5. En tenant compte de ce qui a été dit précédemment, Alceste est-il crédible au début du vers 457 ?
6. Quel est le principal grief d'Alceste ?
7. Quelle est la première excuse de Célimène ?
8. Aux vers 465 et 466, le verbe *prendre* permet un lien entre des actions opposées. Énumérez-les.
9. Quelle juste observation Alceste a-t-il faite du comportement de Célimène envers les hommes ?
10. Quel mot cause une exagération au vers 474 ? L'attaque d'Alceste s'en trouve-t-elle affaiblie ou consolidée ?
11. Quel sens recouvre le déterminant *Votre* au vers 476 ?
12. Sur quels points Alceste attaque-t-il Clitandre dans le portrait tracé de lui ?
13. Quelle raison fournit Célimène pour justifier qu'elle fréquente Clitandre ? Est-ce plausible si on prend en compte, plus loin, les vers 567 à 570 ?
14. Que prescrit Alceste à Célimène à propos de Clitandre ? Le propos est-il extravagant ?
15. Quel est le ton de Célimène au vers 495 ? Et celui d'Alceste au vers suivant ?
16. Par quel tour d'esprit Célimène tente-t-elle de rassurer Alceste ? Est-ce efficace ?
17. Citez le vers dans lequel Célimène impose à Alceste ce qui devrait lui suffire comme preuve de son amour.
18. À partir de quel vers, à bout de patience, Célimène prend-elle l'offensive ? Expliquez la raison de cette offensive et prouvez son efficacité sur Alceste.

19. Expliquez la métaphore du vers 515.
20. Expliquez le vers 520.
21. Quelle figure de style marque le vers 521 ?
22. Expliquez l'exagération du vers 522. Qu'est-ce qui en atténue le ridicule ?

VERS L'ANALYSE LITTÉRAIRE

Démontrez que les extravagances d'Alceste affaiblissent ses positions devant Célimène.

Extrait 2

Acte III, scène 4

1. L'accueil de Célimène est-il sincère ? Expliquez.
2. Sous quel prétexte Arsinoé prétend-elle faire la leçon à Célimène (v. 879 à 884) ? Quelles sont ses réelles motivations ? Justifiez votre réponse.
3. Commentez le refus de s'asseoir d'Arsinoé.
4. Quelle histoire, où elle se donne le beau rôle, invente Arsinoé pour mieux assener sa leçon morale à Célimène (v. 885 à 908) ?
5. Quels subterfuges emploie Célimène dans sa réplique ?
6. Dans le contexte, quels mots donnent de l'ironie au vers 919 ?
7. Opposez le vers 885 du discours d'Arsinoé au vers 922 de celui de Célimène. Lequel pèse plus lourd dans l'attaque ?
8. La conclusion de la longue réplique de Célimène est-elle une façon polie de remettre Arsinoé à sa place ? Pourquoi ?
9. Que tente de faire Arsinoé aux vers 961 à 964 ?
10. Comment Célimène pare-t-elle le coup ?
11. Quelle excellente stratégie adopte Arsinoé aux vers 973 et 974 ?
12. Quel avantage fait valoir Célimène aux vers 975 à 984 ? Quelles ressources du langage lui permettent de conserver une attitude polie ?
13. Quel vers ironique de la réplique d'Arsinoé indique plus que les autres que Célimène a touché au point sensible de sa rivale (v. 985 à 990) ?
14. Comment Célimène réussit-elle à porter une accusation tout en gardant à la conversation son ton de politesse (v. 991-992) ?
15. Arsinoé se trahit-elle aux vers 1001 à 1025 ? Quels vers font allusion à une sexualité dont Célimène, d'après Arsinoé, serait prodigue ? Expliquez.
16. Qu'a d'ironique, mais aussi de parfaitement poli, l'exclamation de Célimène (v. 1025) ?
17. Qui est victorieuse ? Pourquoi ?
18. Établissez un parallèle entre les excuses de Célimène à la fin de la scène et son accueil du début.

VERS L'ANALYSE LITTÉRAIRE

Montrez que la politesse procure un avantage à celle qui en fait le meilleur usage dans la conversation entre Célimène et Arsinoé.

Extrait 3

Acte IV, scène 3

1. Quelle est la première attitude de Célimène ?
2. Quelle est la figure de style du vers 1283 ? Est-elle d'un ordre ascendant ou descendant ? En quoi dessert-elle l'attaque d'Alceste ?
3. Quelle est la figure de style du vers 1285 ? En quoi sert-elle la défense de Célimène ?
4. Expliquez la métaphore du vers 1299.
5. Dans la plainte d'Alceste (v. 1286 à 1314), quels sont les deux vers qui font allusion à la lettre d'Oronte ?
6. Dans ce passage, en quoi la trahison de Célimène outrage-t-elle le plus Alceste ?
7. Expliquez la métaphore du vers 1311. Cette métaphore est-elle précieuse ?
8. Quelle figure de style couvre les vers 1312 à 1314 ? Est-elle d'un ordre ascendant ou descendant ? Favorise-t-elle Alceste ? Expliquez.
9. Expliquez le très net avantage que prend Célimène grâce aux questions des vers 1315 et 1316. Expliquez comment les réponses d'Alceste lui font perdre du terrain.
10. Relevez l'expression précieuse du vers 1322.
11. Détaillez les réactions de Célimène à la vue de la lettre (v. 1327 à 1339).
12. Quel est le coup de théâtre dans la scène ?
13. Quelle est la figure de style du vers 1348 ? Expliquez sa signification.
14. Pourquoi Célimène prend-elle un ton nouveau au vers 1356 ?
15. Quelle stratégie adopte Célimène au vers 1365 ? Est-ce la première fois qu'elle agit ainsi envers Alceste ? Par quel vers Alceste lui demande-t-il de mettre fin à son petit jeu ?
16. Que résument les vers 1373 et 1374 ?
17. Expliquez la métaphore filée des vers 1377 à 1380.
18. Expliquez en trois points comment Célimène fait opérer son charme (v. 1391 à 1414). Célimène est-elle sincère ? Fournissez une preuve de ce que vous avancez.

19. Citez le vers qui marque la reddition d'Alceste comme s'il s'agissait d'un coup du sort.
20. Résumez la pensée d'Alceste aux vers 1422 à 1432.

VERS L'ANALYSE LITTÉRAIRE

Montrez que le manque de sincérité de Célimène lui permet de dominer Alceste.

Extrait 4

Acte v, scène 1

1. Que suppose le *vous dis-je* du vers 1481 ?
2. Citez les deux vers qui résument, dès le début de la scène, l'opinion d'Alceste sur la société et le projet qu'il a en tête pour s'en garer.
3. Quelle est l'issue du procès selon Alceste ? Quels torts son adversaire lui a-t-il causés ? Quelle part Oronte y prend-il ?
4. Alceste a-t-il totalement raison au vers 1508 ?
5. Que rappelle le vers 1523 par rapport à la conversation de l'acte i, scène 1 ?
6. Opposez les dires d'Alceste à ceux de Philinte (v. 1525 à 1530 et v. 1535 à 1540). Chez ce dernier, est-ce une simple façon de rassurer son ami ?
7. Expliquez la réaction d'Alceste et liez-la à sa misanthropie.
8. Quel est le ton d'Alceste aux vers 1551 à 1554 ? Sur quel ton Philinte lui répond-il ?
9. Résumez les propos de Philinte sur la vertu (v. 1561 à 1569).
10. La situation d'Alceste semble-t-elle identique à celle où il se trouvait à l'acte premier ? Nuancez votre réponse (v. 1570 à 1580).
11. Quelle action de scène illustre plus que jamais l'humeur noire d'Alceste ?
12. Philinte tente-t-il de pallier l'attitude morose de son ami ?

VERS L'ANALYSE LITTÉRAIRE

Analysez tout ce qui contribue à faire rejeter les relations humaines au misanthrope.

Annexes

TABLEAU CHRONOLOGIQUE

	Événements historiques en France	Vie et œuvre de Molière
1608		
1610	Assassinat d'Henri IV. Régence de Marie de Médicis.	
1617	Début du règne de Louis XIII.	
1622		Naissance de Jean-Baptiste Poquelin (Molière) à Paris.
1631		Molière admire le jeu de Tabarin, surnommé le «prince des bouffons», sur les tréteaux en plein vent du Pont-Neuf.
1632		Mort de Marie Cressé, mère du petit Jean-Baptiste. Mort de Tabarin. Études chez les jésuites.
1633		
1635	La France s'immisce dans la guerre de Trente Ans.	
1636		
1638	Naissance du futur Louis XIV.	
1639		
1642	Mort du cardinal de Richelieu.	
1643	Mort de Louis XIII. Régence d'Anne d'Autriche (Louis XIV n'a que cinq ans).	Jean-Baptiste Poquelin fonde l'Illustre-Théâtre à 20 ans.
1644		Jean-Baptiste prend un nom de scène, Molière.
1645		Molière en tournée en province avec ses comédiens.

TABLEAU CHRONOLOGIQUE

Les arts et la littérature en France	Histoire et œuvres artistiques à l'étranger	
	Fondation de Québec. Shakespeare, *Timon d'Athènes.*	1608
Honoré d'Urfé, *L'Astrée* (2e partie).	Cervantès, *Don Quichotte* (première partie).	1610
		1617
	Tirso de Molina, *L'Abuseur de Séville (Dom Juan).*	1622
	Calderon de la Barca, *La Vie est un songe.*	1631
		1632
	L'Inquisition contraint Galilée à réfuter ses découvertes : il doit jurer que le Soleil tourne autour de la Terre, centre de l'univers.	1633
Fondation de l'Académie française. De Champaigne, *Louis XIII couronné par une victoire* (peinture).	Mort de Champlain. Mort de Lope de Vega.	1635
Corneille, *Le Cid.* Rotrou, *Les Sosies.*		1636
Poussin, *Moïse sauvé des eaux* (peinture).		1638
Corneille, *L'Illusion comique.* Naissance de Racine.	Les ursulines en Nouvelle-France.	1639
Corneille, *Cinna.*	Fondation de Ville-Marie (Montréal). Rembrandt, *La Ronde de nuit.* Mort de Galilée. Naissance d'Isaac Newton.	1642
		1643
Corneille, *Le Menteur.*		1644
Scarron, *Jodelet ou le Maître valet.*		1645

TABLEAU CHRONOLOGIQUE

	Événements historiques en France	Vie et œuvre de Molière
1647		
1648	Fin de la guerre de Trente Ans. Début de la Fronde : révolte des nobles contre l'absolutisme royal.	
1653	Fin de la Fronde. La haute noblesse perd tout pouvoir politique.	La troupe de Molière est pensionnée par le prince de Conti jusqu'en 1657.
1654	Début du règne de Louis XIV.	
1655		*L'Étourdi.* La première a lieu à Lyon.
1656		*Le Dépit amoureux.*
1658		Retour de Molière à Paris. La troupe s'installe au Petit-Bourbon.
1659	Fin de la guerre d'Espagne : le traité des Pyrénées fait de la France la première puissance européenne.	*Les Précieuses ridicules.* Premier grand succès.
1660	Louis XIV épouse Marie-Thérèse d'Autriche.	*Sganarelle.*
1661	Mort du ministre Mazarin.	La troupe déménage au Palais-Royal. *Don Garcie de Navarre. L'École des maris. Les Fâcheux.*
1662	Colbert, ministre du roi.	Molière épouse Armande Béjart. *L'École des femmes.* Présentée en décembre, la pièce déclenche une querelle dès le début de l'an nouvea
1663		*L'Impromptu de Versailles.*
1664		*Le Mariage forcé. Tartuffe.* La pièce est interdite par le roi.

TABLEAU CHRONOLOGIQUE

Les arts et la littérature en France	Histoire et œuvres artistiques à l'étranger	
Rotrou, *Saint Genest.*		1647
Mort du poète précieux Vincent Voiture.	Charles 1er d'Angleterre condamné à mort et promulgation de la république des Puritains de Cromwell. Les traités de Westphalie divisent l'Allemagne en 350 États.	1648
Cyrano de Bergerac, *La Mort d'Agrippine.* Mlle de Scudéry, *Le Grand Cyrus.*		1653
		1654
		1655
	Huygens découvre l'anneau de la planète Saturne.	1656
	Mort de Cromwell.	1658
	Mgr Montmorency de Laval, premier évêque de Québec.	1659
Mlle de Scudéry, *Clélie.*		1660
Le Nôtre achève le parc du château de Vaux-le-Vicomte.		1661
Madame de La Fayette, *La Princesse de Montpensier.* Cyrano de Bergerac, *Des États et Empires du soleil.* Pascal, *Pensées.*		1662
	Fondation du séminaire de Québec par Mgr de Laval. La Nouvelle-France compte 2 300 habitants.	1663
		1664

TABLEAU CHRONOLOGIQUE

	Événements historiques en France	Vie et œuvre de Molière
1665		*Dom Juan.* *L'Amour médecin.* La troupe de Molière devient la « Troupe du Roi ». Séparation de Molière et d'Armande Béjart.
1666	Mort d'Anne d'Autriche, la reine mère.	*Le Misanthrope.* *Le Médecin malgré lui.*
1667		*Le Sicilien ou l'Amour peintre.*
1668		*L'Avare.* *Amphitryon.* *George Dandin.*
1669		*Tartuffe* peut être joué à nouveau. *Monsieur de Pourceaugnac.*
1670	La France occupe la Lorraine.	*Le Bourgeois gentilhomme.*
1671	Construction de l'Observatoire de Paris.	*Les Fourberies de Scapin.* *Psyché.*
1672	Installation de Louis XIV et de la cour de France à Versailles. Début de la guerre en Hollande.	*Les Femmes savantes.* Mort de Madeleine Béjart. Brouille avec Lully.
1673		Mort de Molière après la quatrième représentation du *Malade imaginaire.*
1674		
1677		
1678	Fin de la guerre en Hollande. La France gagne la Franche-Comté.	
1694		
1715	Mort de Louis XIV.	

TABLEAU CHRONOLOGIQUE

Les arts et la littérature en France	Histoire et œuvres artistiques à l'étranger	
Lully compose la musique de *L'Amour médecin.* Quinault, *La Mère coquette.*	Rembrandt, *Bœuf écorché.*	1665
Furetière, *Le Roman bourgeois.*		1666
Racine, *Andromaque.*	Milton, *Le Paradis perdu.*	1667
Racine, *Les Plaideurs.* La Fontaine, *Fables.*		1668
Lully compose la musique de *Monsieur de Pourceaugnac.* Racine, *Britannicus.* Guilleragues, *Lettres de la religieuse portugaise.*	Mort de Rembrandt.	1669
Lully compose la musique du *Bourgeois gentilhomme.* Corneille, *Tite et Bérénice.* Racine, *Bérénice.*	Spinoza, *Traité théologico-politique.*	1670
Lully compose la musique de *Psyché.*		1671
Racine, *Bajazet.* Saint-Réal, *Dom Carlos.*	Mort de Heinrich Schütz. Découverte du Mississippi par Louis Jolliet et Jacques Marquette.	1672
Marc Antoine Charpentier compose la musique du *Malade imaginaire.*		1673
Pierre Boileau, *L'Art poétique.* Corneille, *Suréna.*		1674
Racine, *Phèdre.*		1677
Madame de La Fayette, *La Princesse de Clèves.* La Rochefoucauld, *Maximes.*		1678
	Pot-de-vin de Mgr de Saint-Vallier en faveur du gouverneur Frontenac pour empêcher les représentations du *Tartuffe* de Molière à Québec.	1694
		1715

Lexique du théâtre

Accessoires : objets de scène qui permettent de croire à l'illusion théâtrale dans le cas où la scénographie* est naturaliste (une copie de la réalité). Par contre, si la scénographie* souscrit à une autre esthétique, les accessoires peuvent devenir symboliques ou fantaisistes.

Acte : division d'une pièce de théâtre ; ensemble de scènes* qui forment un tout cohérent. À chaque acte, le spectateur accède à un nouveau palier dramatique et psychologique.

Acteur, actrice / comédien, comédienne : celui ou celle qui prête son corps, ses gestes, ses attitudes, sa voix et ses facultés d'esprit au personnage* qu'il ou qu'elle est chargé(e) de représenter, de *jouer*.

Action : déroulement du récit dramatique sur scène ; ensemble des faits et gestes des personnages* qui déterminent le sujet du récit dramatique.

Alexandrin : vers de douze syllabes.

Aparté : convention du jeu théâtral selon laquelle un personnage* adresse au public quelques brèves paroles sans que les autres personnages* sur scène soient supposés les entendre.

Baroque : courant artistique et littéraire des XVIe et XVIIe siècles. Il favorise le déséquilibre, l'irrégulier, la fantaisie. En écriture dramatique, l'œuvre baroque ne respecte pas la règle des trois unités*, ni aucune autre, mêle différents niveaux de langage et fait se succéder diverses formes et tonalités. L'œuvre baroque se distingue par la démesure, l'incongru, voire le choquant (*Dom Juan* de Molière).

Bienséance : au XVIIe siècle, ensemble des interdits que le dramaturge* ne doit pas enfreindre sous peine de choquer le public et même de se voir proscrire toute représentation (*Tartuffe* de Molière).

Ciel : plafond de la scène, souvent invisible de la salle.

Classicisme : courant artistique et littéraire des XVIe et XVIIe siècles. En écriture dramatique, l'œuvre empreinte de classicisme observe la règle des trois unités* et prône un idéal d'équilibre, de mesure, de grâce et de bienséance* (*Le Misanthrope* de Molière).

Comédie : au sens général, toute œuvre théâtrale. Au sens restrictif, genre théâtral léger et souriant, opposé à la tragédie et au drame. La **comédie d'intrigue*** fonde le comique sur les situations cocasses, les *quiproquos**, les usurpations d'identité, les coups de théâtre*. La **comédie de mœurs** croque sur le vif une classe sociale ou des représentants types d'une époque. La **comédie de caractère** met en

* Les mots suivis d'un astérisque sont définis dans ce lexique.

évidence les ridicules des caractères : un avare, un égoïste, un misanthrope.

Comédie-ballet : œuvre très légère associant des numéros de danse à des passages dramatiques, souvent mythologiques ou bucoliques.

Comédien, comédienne : voir *Acteur, actrice.*

Commedia dell'arte : genre théâtral italien (comédie* de l'art). Farce* à l'italienne mettant en vedette des personnages* stéréotypés : Arlequin, Colombine, Pantalon…

Conflit : fait, parole, action, conviction ou idée qui est au centre de l'opposition entre les différents personnages* de la pièce.

Costumes : renseignent sur le personnage* avant même qu'il ne parle. Les costumes témoignent du contexte historique ou social du personnage*. Ils sont porteurs de signes et doivent aider à saisir les intentions du texte, celles de la mise en scène* et de la scénographie*.

Côté cour : vu de la salle, le côté droit de la scène. *Sortir à cour* signifie « sortir du côté droit ».

Côté jardin : vu de la salle, le côté gauche de la scène.

Coulisses : parties du théâtre, invisibles pour le public, situées sur les côtés et en arrière de la scène, derrière le décor*.

Coup de théâtre : événement imprévu qui déclenche un renversement de situation. Le coup de théâtre, parfois préparé dans l'esprit des spectateurs, ne l'est jamais dans celui des personnages*. Alors que toute évolution de l'action* dramatique doit être justifiée d'avance, sous peine d'apparaître arbitraire ou invraisemblable, l'art du coup de théâtre est de surprendre en se défendant de lui-même après coup.

Décor : élément de la scénographie*, le décor représente le milieu environnant. Il suggère le lieu, l'ambiance, l'atmosphère, par le choix des couleurs et des matériaux, par la disposition des objets, des meubles. De nos jours, son rôle varie selon le style de spectacle : naturaliste, symbolique, néo-naturaliste. On écrit *le* décor, au singulier.

Dénouement : dernière partie d'une comédie* classique*. Situation nouvelle attendue ou inattendue qui relâche la tension dramatique et clôt une pièce de théâtre. Le dénouement peut être volontairement provoqué par les personnages* ou résulter de l'intervention du ciel* ou de l'auteur (*deus ex machina**). Il survient au dernier acte* de l'œuvre (ou y correspond parfaitement).

Deus ex machina : personnage* ou événement dont l'intervention peu vraisemblable apporte un dénouement* inespéré à une situation sans issue ou tragique.

Dialogue : ensemble des répliques* d'une pièce de théâtre.

Didascalies : chez les Grecs, instructions du poète dramatique à ses interprètes. Aujourd'hui, dans un texte dramatique*, tout ce qui n'est pas dit par les personnages* ; les indications scéniques.

Distribution : ensemble des acteurs* qui interprètent la pièce.

Dramaturge : écrivain qui se destine à l'écriture de pièces de théâtre.

Dramaturgie : art de l'écriture dramatique ; ensemble de pièces de théâtre.

Éclairages : les éclairages (l'acception moderne use le plus souvent du pluriel) permettent de voir le spectacle, mais jouent également un autre rôle. Tout comme le décor* et les costumes*, ils se font complices de l'action*, selon une suite de signes qui suscitent des effets dramatiques ou soulignent le développement de la pièce. *Le général* est le terme consacré pour l'éclairage uniforme de la scène. Au XVIIe siècle, les éclairages étaient moins élaborés qu'aujourd'hui et se limitaient à éclairer la scène. À cette époque, les représentations sont éclairées par une rangée de bougies au bord de la scène (la rampe) et par de grands lustres à chandelles au-dessus des spectateurs. Un acte* correspond en temps à environ une demi-heure, soit la durée des bougies avant qu'elles ne nécessitent d'être remplacées.

Exposition : scènes* du début de la pièce où sont livrés les renseignements relatifs à l'action* (les temps et lieux, le sujet qui détermine l'intrigue* principale), aux personnages* (leurs noms et caractères). Se déroule au premier acte* de l'œuvre.

Farce : genre théâtral comique jugé inférieur à la comédie*. Pour faire rire, la farce emploie les procédés les plus grossiers et les plus faciles : cabrioles, grimaces, bouffonneries ; jeux de mots ou blagues vulgaires, salaces ou scatologiques ; péripéties* extravagantes, coups de théâtre* loufoques. Les personnages*, originaires de la *commedia dell'arte**, caricaturent les types humains (on dit aussi *stéréotypes*) : le niais, le rusé (souvent un valet), le lourdaud, le fripon, l'avare (souvent un vieillard), l'épouse acariâtre, la belle.

Figurant : rôle* muet. Le figurant ne parle pas ou très peu. Habituellement, il se borne, dans un groupe, à pousser des exclamations.

Harangue : voir *Tirade*.

Imbroglio : confusion des situations, embrouillement de l'intrigue*, où les personnages* (et parfois les spectateurs) perdent une claire vision des événements. De façon générale, ce qui est embrouillé pour le personnage* ne l'est point pour les spectateurs et constitue en soi le divertissement.

Intrigue : ligne dramatique d'une pièce de théâtre ; succession d'événements liés entre eux par des rapports logiques ou causals. Une pièce classique* comporte une intrigue principale et des intrigues secondaires qui lui sont adjointes.

Maquillage : le maquillage est le costume* du visage. Soulignant les lignes faciales des acteurs*, il concourt aussi à bien distinguer leurs traits et leurs expressions.

Mise en place : la mise en place précise les positions, les groupements et les déplacements des acteurs* tout au long de la pièce. C'est une des étapes de la mise en scène*.

Mise en scène : au théâtre, prendre un texte et en organiser la communication sur une scène, c'est-à-dire la représentation. Donner au texte un rendu vivant élaboré à partir de phrases, d'idées, de mots, de messages implicitement ou explicitement contenus dans le texte ou que le metteur en scène greffe ou retranche du texte. Le processus artistique par lequel on élabore et fixe tous les détails de la représentation d'un texte dramatique* (direction des déplacements et du jeu des comédiens*, concertation avec les concepteurs du décor*, des costumes*, des éclairages*, etc.) n'était pas clairement défini au XVIIe siècle. Le plus souvent, l'auteur ou l'acteur* le plus influent de la troupe devenait le metteur en scène.

Monologue : discours d'un personnage* qui s'entretient avec lui-même. Ce discours, livré aux spectateurs, leur permet de saisir le développement psychologique du personnage*.

Mur de lointain : par rapport à la salle, mur au fond de la scène.

Nœud : fait, parole ou action qui précise un conflit*.

Péripéties : le développement des intrigues* d'une pièce de théâtre entre l'exposition* et le dénouement*. Les événements inattendus des péripéties plongent les personnages* dans de nouvelles situations qui font rebondir l'action*.

Personnage : être historique, légendaire ou créé de toutes pièces qui met en action le texte dramatique*. Il doit donner l'illusion de vivre et de penser. Le personnage ou rôle* principal est tenu par *le héros* ou *l'héroïne*. Le personnage influence constamment l'action*. Il ne s'avère pas nécessairement bon, héroïque ou vertueux. S'il réussit ce qu'il entreprend, même s'il s'agit d'un crime, il est un vrai héros. S'il échoue, même dans une entreprise vertueuse, il est un faux héros. Les seconds et les troisièmes rôles* revêtent moins d'importance dans le déroulement de l'action*. Ne jamais dire *acter* un personnage ; dire plutôt *jouer* un personnage.

Protagoniste : *le héros* ou *l'héroïne* d'une pièce de théâtre.

Quiproquo : méprise. Lorsqu'un personnage* est pris pour un autre, lorsqu'un objet (souvent identique) est pris pour un autre ou échangé par inadvertance ; la situation qui en résulte.

Réplique : ce qu'un personnage* répond à l'autre personnage* (ou aux autres) qui vient de lui parler ; les paroles échangées.

Rôle : partie d'un texte dramatique* correspondant aux paroles d'un personnage* que doit interpréter le comédien* sur scène.

Scène : unité dramatique et psychologique d'une pièce de théâtre. Déterminée le plus souvent par l'entrée ou la sortie d'un ou plusieurs personnages*. Chaque scène amène une situation nouvelle.

Scénographie : aménagements matériels de l'espace scénique ; ensemble des éléments qui déterminent le rendu visuel de l'espace où jouent les comédiens*.

Son : contribue à l'atmosphère, à l'ambiance de la scène*. Il donne un rythme aux scènes* et soutient la tension dramatique. Il se divise en deux catégories : les effets sonores (bruitage, voix hors scène) et la musique. Cette dernière est très importante, car elle peut transporter à elle seule l'imagination du spectateur dans un milieu différent, souligner la tension dramatique, apporter une couleur dramatique (tristesse, sensualité, joie, méditation) aux scènes* ou établir des relations, faire des clins d'œil, suggérer l'humour. Elle peut servir à combler des vides pendant les changements de décor*, avant ou après le spectacle. Au XVIIe siècle, des musiciens accompagnent souvent des passages de la pièce ou jouent avant la représentation.

Texte dramatique : une pièce de théâtre, peu importe le genre.

Tirade : ce qu'un personnage* dit sans être interrompu, sans qu'on ne puisse l'interrompre. Elle est lancée, souvent avec véhémence ou passion, devant au moins un autre personnage*. Lorsque la tirade est un sermon ennuyeux, un discours pompeux ou une remontrance, on parle de *harangue*.

Transition (scène de) : scène* très courte qui en lie deux autres.

Unités (règle des trois) : règle du théâtre classique* défendue, entre autres théoriciens, par Pierre Boileau dans son *Art poétique* (1677) : « Qu'en un lieu, qu'en un jour, un seul fait accompli/Tienne jusqu'à la fin le théâtre rempli » (v. 45-46). Selon les tenants de cette théorie esthétique, les règles d'unités de lieu, de temps et d'action* assurent l'équilibre, la plénitude et la force d'une œuvre dramatique.

Vraisemblance : critère de représentation de la réalité ; tout doit sembler vrai, crédible. Le dramaturge* doit peindre d'après nature.

Glossaire de l'œuvre

amant: soupirant (v. 459, 703, 1002, 1012, 1024, 1112, 1405, 1590).

amusement: niaiserie, tout ce qui fait perdre du temps (v. 1440, 1642).

appas: signifie tour à tour l'intérêt d'une situation (v. 663), les valeurs qu'on accorde à une idée, un sentiment (v. 104), les attraits et les séductions d'une femme, d'une passion charnelle (v. 467, 863, 1000, 1019, 1204, 1263, 1320), la qualité d'un vêtement (ironie) (v. 485).

arrêt: condamnation (v. 31, 1499, 1540, 1541, 1644, 1657).

bile: la bile noire (atrabile). Selon la médecine de l'Antiquité, cette humeur fondamentale du corps humain est responsable de la colère et de la mélancolie chez l'être humain (v. 90, 166, 449).

blanc: fard pour le visage (v. 83, 942).

brigue: complot, manœuvres concertées et secrètes visant l'obtention d'un poste (v. 139), cherchant à faire échouer un procès (v.190).

bruit: rumeur, commérage, médisance, calomnie (v. 171, 890, 918, 1536).

cabale: intrigue, complot; groupe de comploteurs (v. 194, 1556).

caresse, caresser: relatif à des hommes, a le sens figuré de «démonstrations d'amitié, flatteries excessives» (v. 17, 49).

chagrin : saute d'humeur, colère boudeuse, mélancolie, amertume (v. 6, 91, 97, 529, 685, 688, 993, 1584, après le vers 1690); *âme chagrine*: personne sujette à pareille humeur (v. 782). Plus rarement, signifie le malheur, la honte (v. 1094, 1186, 1521, juste avant le vers 1691).

chute: dernier tercet d'un sonnet. Cette conclusion doit surprendre par un retournement, une fin étonnante (v. 333, 334).

cœur: exprime tour à tour des sentiments sincères (v. 36, 70, 76, 531, 725, 846, 884, 1048, 1114, 1116, 1159, 1187, 1247, 1419, 1694, 1756, 1767, 1808), du courage (v. 787, 1147), de l'amitié (v. 12, 61, 253, 257, 273, 466, 1100, 1515) ou désigne des personnes aimées ou aimant et l'amour lui-même (v. 214, 240, 245, 413, 460, 470, 504, 515, 518, 707, 1014, 1130, 1170, 1175, 1182, 1194, 1211, 1252, 1258, 1260, 1304, 1322, 1342, 1377, 1395, 1401, 1608, 1612, 1626, 1633, 1656, 1698, 1701, 1705, 1750, 1761, 1779, 1789, 1794).

commerce: relation, échange (v. 68, 597, 1486).

complaisance, complaisant: disposition à plaire où ni vérité ni probité n'entrent en considération; paroles ou activités conçues afin de plaire; personne usant de complaisance (v. 61, 120, 123, 321, 326, 473, 498, 659, 705, 758).

cour : la cour de Louis XIV (au Louvre en 1666), lieu des intrigues du pouvoir et là où se pressent les courtisans à la recherche de faveurs royales (v. 85, 89, 165, 289, 370, 544, 619, 651, 1049, 1056, 1057, 1062, 1091, 1099, 1507).

courroux : colère, haine (v. 107, 162, 172, 860, 1051, 1268, 1273, 1283, 1373, 1741).

dessein : projet, volonté (v. 95, 241, 1264, 1271, 1525, 1578, 1776, 1808).

embrassade : voir *embrassement.*

embrassement, embrasser : accolade ; serrer dans ses bras, donner l'accolade de façon démonstrative (v. 20, 37, 45, 273). *Embrassade* a un sens péjoratif qui dénie la sincérité des embrassements (v. 45, 1161).

empire : calme, assurance, contrôle (v. 345, 1357, 1574, 1735).

encens : (sens figuré) encouragement (v. 662, 706).

enflammé : voir *flamme.*

ennui : (au sens fort) désespoir, tourment (v. 239, 316, 379, 1248).

entendre : comprendre, saisir le sens (v. 374, 1668).

essuyer : supporter, subir (v. 556, 576, 808, 1098).

fâcheux : ennuyeux, déplacé, non désiré (v. 190, 440, 527, 902, 981, 1122, après le vers 1690).

feux : désirs (v. 249, 1199, 1403, 1591, 1771).

flamme : amour, passion amoureuse (v. 233, 306, 1110, 1290, 1305, 1354, 1609, 1707, 1771).

flegme : la médecine du XVIIe siècle voit dans cette humeur fondamentale du corps humain la responsable du calme. En trop grande quantité, elle engendre la paresse et l'obésité (v. 166, 167, 168).

honnête homme : idéal de comportement à la cour et à la ville du XVIIe siècle ; attitude qui recherche l'élégance et la mesure en tout (v. 48, 370, 633, 1144, 1507).

hymen : mariage (v. 1207, 1779).

impertinence, impertinent : inconvenance, mauvaise conduite ; inconvenant, mal élevé, désagréable (v. 181, 690, 872, 1473).

importun, importuner : agaçant, dérangeant, désagréable, insupportable ; agacer, déranger (v. 84, 540, 737, 1609).

là-bas : au rez-de-chaussée (v. 250, 532, 851) des grandes maisons, les domestiques accueillent et font attendre les visiteurs qu'ils vont annoncer avant de les introduire au salon situé à l'étage. Peut être aussi la cour d'un hôtel où arrivent les carrosses des visiteurs (v. 848).

lumière : idée éclairant le jugement, qualité intellectuelle et morale (v. 281, 294, 570, 1126, 1350, 1633).

ma mie : mon amie, la femme que j'aime (v. 396, 399, 400, 408, 411, 412).

médisance, médisant : commérage, propos malveillants sur une personne absente ; celui qui fait ce commérage (v. 219, 660, 946).
morbleu ! : altération tolérée du juron *mort de Dieu !*
murmurer : discuter avec ressentiment, détester secrètement, prendre en grippe (v. 173, 403, 1505).
nœud : lien, attachement amical (v. 258, 287, 295), liens amoureux (v. 1587, 1778), mariage (v. 1792).
obliger : contracter une dette d'honneur, de politesse envers l'interlocuteur ; se créer des obligations morales (v. 914, 1112, 1482).
objet : au XVIIe siècle, la personne aimée est l'objet d'un amour. Le mot *objet* n'a aucun sens péjoratif et peut être remplacé par *être aimé* (v. 223, 714, 1263, 1380).
occurrence : cas, circonstance (v. 1201, 1361).
ouïr : entendre (cf. le sens de l'ouïe) (v. 336, 848).
parbleu ! : altération tolérée du juron *par Dieu !*
partie : adversaire lors d'un procès (v. 183, 193, 1487, 1527).
perfidie, perfide : trahison, malhonnêteté (v. 1306) ; traître, malhonnête (v. 1249, 1382, 1757).
pompe : en littérature, emphase ; exagérations cérémonieuses du langage d'une œuvre (figures de style, ton et vocabulaire) ; effets littéraires très élevés. Au vers 415, l'adjectif *fleurie* (en lien avec les fleurs, les figures de la rhétorique) souligne le côté artificiel de la pompe. *Pompeux* : empreint d'emphase, de solennité excessive (v. 307).
protestation : confirmation véhémente d'une amitié (v. 19, 44).
prude, pruderie : sage, vertueux (v. 216, 853, 861, 984) ; sagesse, vertu (v. 925, 978).
rebut : rebuffade, refus (v. 834, 1095, 1727, 1794).
rompre en visière : (sens figuré) dire sans détour à quelqu'un ce qu'on pense de lui (v. 96, 1634).
scélérat : coquin, bandit, criminel (v. 124, 135, 199, 1532).
sonnet : poème de 14 vers distribué en deux quatrains (strophes de quatre vers) et deux tercets (strophes de trois vers) (v. 296, 305, 357, 375, 1160, 1516).
tendresse : (entre hommes) attention, considération (v. 18, 50).
trait : écriture de la main d'une personne (v. 1251, 1324, 1676, 1687) ; pointe, présence d'esprit, artifice (v. 1347, 1758).
vice du temps : vice de société de l'époque : l'hypocrisie (v. 234, 1760).
ville : Paris, et plus particulièrement les salons, où sont reçus les gens de qualité qui s'y livrent à des échanges mondains (v. 89, 165).
vœux : désirs amoureux (v. 217, 466, 831, 839, 997, 1188, 1200, 1208, 1255, 1297, 1303, 1619, 1628, 1777).

Bibliographie

BONVALLET, Pierre. *Molière de tous les jours*, Paris, Le Pré aux Clercs, 1985.

BOURQUI, Claude. *Les Sources de Molière, répertoire critique des sources littéraires et dramatiques*, Paris, Société d'édition d'enseignement supérieur, 1999.

BRAY, René. *Molière, homme de théâtre*, Paris, Mercure de France, 1954.

DUCHÊNE, Roger. *Molière*, Paris, Fayard, 1998.

HORVILLE, Robert. *Le Misanthrope : analyse critique*, Paris, Hatier, coll. «Profil d'une œuvre», 1981.

JASINSKI, René. *Molière et Le Misanthrope*, Paris, Armand Colin, 1951.

MISHRIKY, Salwa. *Le Misanthrope ou La Philanthropie de l'honnête homme classique*, New York, P. Lang, 1994.

MONGRÉDIEN, Georges. *La Vie quotidienne des comédiens au temps de Molière*, Paris, Hachette, coll. «La Vie quotidienne», 1966.

ROJAT, Paul-Henry. *Étude sur Molière : Le Misanthrope*, Paris, Ellipses, coll. «Résonances», 1998.

SIMON, Alfred. *Molière ou La Vie de Jean-Baptiste Poquelin*, Paris, Seuil, coll. Points, 1995.

Œuvres parues

Balzac, *Le Colonel Chabert*
Balzac, *La Peau de chagrin*
Baudelaire, *Les Fleurs du mal* et *Le Spleen de Paris*
Beaumarchais, *Le Mariage de Figaro*
Chateaubriand, *Atala* et *René*
Corneille, *Le Cid*
Diderot, *La Religieuse*
Flaubert, *Trois Contes*
Hugo, *Le Dernier Jour d'un condamné*
Maupassant, *Contes réalistes et Contes fantastiques*
Maupassant, *La Maison Tellier et autres contes*
Maupassant, *Pierre et Jean*
Mérimée, *La Vénus d'Ille* et *Carmen*
Molière, *L'Avare*
Molière, *Dom Juan*
Molière, *Les Fourberies de Scapin*
Molière, *Le Malade imaginaire*
Molière, *Le Misanthrope*
Poètes romantiques du XIXe siècle
Racine, *Phèdre*
Rostand, *Cyrano de Bergerac*
Tristan et Iseut
Voltaire, *Candide*
Zola, *Thérèse Raquin*